보름달

충만한 기운

이상용

보름달

충만한 기운

이상용

모든 것의 시작이자 끝인 마음이 있지요. 즐거운 나를 갖고 싶어서 그래서 애쓰지요. 마음 애쓰는 힘으로 편안함을 만들려고 애쓰지요. 물질인 몸으로 화합하는 기운인 충만한 기운, 정신을 나타내야 하지요. 마음 우주를 만들었고 그곳에 편안한 기운이 가득하기를 바라지요. 마음에서 기운이 나오고 기운이 모든 것에 힘을 주지요. 그 기운이 정신과 물질로 나누어지고 이것들이 각각 뻗침(뻗치는 힘)과 받음(받아 주는 힘)으로 나누어지지요. 뻗침은 어려움에 맞서 싸우는 기운이지요. 받음은 어려움에 맞서 싸우다 지친 기운을 받아주어 쉬게 할 수 있는 기운이지요. 성으로 따지면 남자와 여자이고 모든 것이 두 가지 성질을 가지고 있지요. 정신은 물질을 이끄는 힘으로 도덕성, 윤리성을 제시하고 이끎, 도전과 같은 뻗침과 배려 양보와 같이 받음 두 가지 성질을 보이지요. 물질은 나타내는(만드는 힘) 힘으로 오욕칠정과 같이 뻗치는 욕구와 받아 주는 정으로 나타냄을 하지요. 마음은 우주를 만드는 데 나타낼 수 있는 힘, 물질을 만들었고 물질의 집합체 행성을 만들었지요. 행성이 만들어지는 것은 받아 주는 힘이 중력으로 작동하여 흩어진 물질을 모아서 생명력이 살 수 있는 행성을 만들었지요. 뻗침은 뭔가를 시도하는 힘 원심력으로 작동하면서 이를 운용하여 생명력(정신)을 건설하지요. 정신 화합하는 충만한 기운으로 마음이 추구하는 편안한 기운으로 달의 기운이고 기운이 크고 물질을 제어하는 힘으로 부끄러움을 타는 기운이어서 나타냄을 물질을 통해 하는 것으로 편안함에 빠져 안주하지 않고 끊임없이 추구하지요. 물질, 나를 나타내는 힘으로 태양의 기운으로 기운이 작고 나를 화려하고 강렬하게 나타내려는 기운으로 편안함에 안주하려고 하지요. 기운이 작고 화려하게 나타내려 하기에 소모되고 낡기에 끊임없이 애씀을 해야 하지요. 기운의 크기는 E=mc2에서 빛이라는 생명력을 주는 정신의 큰 기운이 물질이라는 작은 기운을 통해서 나타냄을 하지요. 정신의 기운 큰 기운이라서 안 죽고 안 먹고 안 아프고를 하는 영원한 기운으로 편안함을 주지요. 현재 물질세계로 물질에 안주하지 말고 정신이라는 큰 기운을 나타내서 편안함을 가져야 하지요. 편안함, 언제 올까요. 물질과 정신을 가지고 뻗침, 받음의 성질을 가지고 편안함을 추구해야 하는데 물질, 중력, 원심력의 영향을 받는 것으로 힘듦이 있기에 기운을 주는 마음이 괴로운 것이지요. 마음 모든 것을 만들 때 모든 만물에 마음을 심어 놓았지요. 일례로 컴퓨터로 치자면 중앙 서버가 있고 컴퓨터 본체가 이 서버에 연결된 것이지요. 창조주인 마음이 있고 창조한 만물에 다 마음이 있지요. 사람도 마음이 있고 나무도 돌도 마음이 있지요. 마음과 마음이 무선으로 연결되고 창조주 마음에서 나오는 기운이 만물의 마음으로 전달되지요. 그리고 만물의 마음에서 나오는 기운이 역으로 전달되지요. 기운이 서로 교류가 되기에 민심이 천심(창조주 마음)이 되는 것이지요. 이 기운을 편안한 기운으로 만들어서 만물이 편안함에 있게 되기를 창조주 마음은 갈망하지요. 만물을 창조하셨으나 성숙하지 못한 기운으로 혼돈의 상태가 되었지요. 마음은 지구라는 뭔가를 나타내는 별, 뭔가를 만드는 별을 만들어서 기운을 성숙한 기운으로 만들어서 이 기운을 온 만물에게 전파를 하려고 하지요. 지구라는 생명체가 살 수 있는 별을 만들었고 달이라는 정신의 별을 만들고 태양이라는 물질의 별을 만들었지요. 지구에서 달과 태양의 영향을 받으면서 물질인 몸을 갖고 정신의 제어를 받으면서 편안함을 만들어야 하지요. 편안함, 언제 느낄 수 있을까요. 혼자는 안 되어서 모여 사는 곳에서 물질의 욕구와 정을 만족해서 물질이 힘들지 않아야 하고 그러려면 물질이라는 작은 기운 때문에 끊임없이 애씀을 하는 것을 막아야 하고 화려하고 강렬하게 나타내려는 것 때문에 무한 경쟁을 하는 것을 막아야 하겠지요. 그래서 물질을 제어하는 정신은 도전으로 물질의 풍요를 확보하고 양보, 배려 등으로 서로를 아끼면 남보다 더 화려함을 하려는 무한 경쟁을 막을 수 있고 이끎으로 약자를 이끌어 주면은 서로 존중하기에 다툼이 없는 평화로운 화합하는 세상이 되겠지요. 그때 충만한 기운이 다가와 편안해지지요. 성숙하지 못한 기운으로는 다가설 수 없는 세상이지요. 서로가 아끼고를 해야 하는데 물질이라는 나타내는 힘이 힘들기에 보다 쉬움을 추구하기에 어려운 함께함을 피하고 나를 강렬하게 나타내는 힘으로만 작동하기에 정신이 편안함에 안주하는 물질을 제어하지 못하기에 나만이 있어 서로를 아끼지 못하고 충만한 기운을 얻지 못하기에 무한 경쟁 속에서 끊임없는 애씀만이 있기에 모든 것이 힘든 것이지요. 지구에 공룡의 시대가 있었지요. 진화를 못 하고 제 몸뚱이만 챙기기에 멸종된 것이지요. 사람, 의지의 동물이지요. 무엇인가를 추구하지요. 제 몸뚱이만 생각하는 것이 아닌 행동하는 도리 등을 말하고 실천하려 하지요. 절제, 의지를 갖고 나 편한 대로만 행동하지 않고 살아가는 데 지켜야 할 도리를 지키려고 애쓰는 것이지요. 마음, 절제의 힘을 갖고 모든 것을 다스리지요. 의지 없이 나 편한 대로만 살면은 마음의 뜻과는 안 맞기에 버림을 받는 것이지요. 공룡이 그랬고 사람의 운명은 어떻게 될까요. 물질인 몸이 물질 부족으로 힘들어하고 내 몸뚱이만 챙기면서 화합하는 기운을 못 만들어 내면 안 되지요. 마음은 화합하는 편안한 기운을 원하지요. 그 기운을 온 만물에 전파할 통신망, 전력망은 깔려 있기에 지구라는 만드는 별, 나타내는 별에서 사람이 의지를 갖고 허상(가짜)인 물질을 물리치고 진짜인 정신, 화합하는 기운을 완성시키기를 학수고대하고 있지요. 석기시대의 사람, 제 몸뚱이만 챙겼겠지만 살아가는 도리를 만들었겠지요. 의지의 사람, 진화를 했지요. 수렵 생활에서 농경 생활로 진입했지요. 자연에서 채집하는 삶에서 무엇인가를 가꾸어 내는 삶을 시작했지요. 서로 모여서 협조를 해야 하기에 모여 사는 도리를 발전시켰겠지요. 즉, 삶을 가꾸려고 했겠지요. 몸이 물질이기에 부족한 물질은 몸이 힘들기에 몸에 매여 정신이 물질을 제어하지 못하고 물질인 몸이 나를 나타내는 힘에 이끌려 의지 없이 나만 나타내려 하기에 의지가 있어야 하는 사람의 도리를 무너트릴 수 있겠지요. 사람의 도리, 의지를 갖고 편안함에 빠지려는 물질인 몸을 정신의 지시대로 살게끔 애쓸 때 나오지요. 의지의 산물인 앞선 문물이 필요했지요. 마음은 앞선 문물을 전파하려고 필요악인 무력을 사용해서 피를 흘리는 것을 주저하지 않지요. 사람의 도리를 지켜 화합하는 문화를 만들어 내려고 로마와 몽골로 하여금 유럽을 깨웠고 근대의 제국주의로 세계를 깨웠지요. 모두가 제 역할이 끝나면 피의 제국들은 사라졌지요. 마음은 화합하는 기운 정신인 민주주의를 건설하기 위해서는 피를 흘리는 것을 주저하지 않지요. 몸이 물질 부족으로 너무 힘들어하면서 몸에 매여 물질의 기운, 나만을 나타내면서 화합하는 기운, 정신을 만들어 내지 못하자 마음은 결정을 했지요. 몸을 구해서 몸이 물질 부족으로 오는 힘듦에 의지를 상실해서 의지가 있어야 나타낼 수 있는 정신을 구현하지 못하자 물질문명을 융성시켜 물질 부족을 해결한 후에 여유가 생기면 삶의 도리를 추구할 거라 생각하고 물질문명을 제일 잘할 수 있는 문화에다 기운을 통해 물질의 기운을 주었지요. 물질, 나를 화려하게 나타내려는 기운으로 개인주의가 발달한 문화에다 물질의 기운을 주었지요. 물질은, 중력, 원심력의 영향을 받기에 힘들기에 편안함에 안주하려 하고 나를 화려하게 나타내려 하지요. 나한테 풍부한 물질을 내게 필요한 물질과 교환을 하여야 하고 이윤이 많이 남아야 몸을 물질 부족에서 구할 수 있고 삶을 화려하게 가꿀 수 있어 물질세계에서 나를 화려하게 나타낼 수 있지요. 문제는 기운이 작기에 소모되고 채우고를 해야 하는 끊임없이 애씀을 해야 하기에 편안함을 얻을 수 없지요. 그래서 물질, 편안함을 원하기에 보다 쉬움에 빠지고 나를 화려하게 나타내려는 욕구 때문에 그 어떤 화려함이 있어도 채울 수가 없기에 이 또한 끝없이 애씀만을 하게 하지요. 물질 먹고살기와 어느 정도 여가 생활이 되면은 이것에 만족을 하고 정신을 추구해야 하는 것이지요. 의지를 내서 욕구를 억제해야 하지요. 물질 부족을 해결하고 나를 화려하게 나타내는 데 힘이 들기에 이것을 할 수 있는 물질 추구 수단인 기능이 나만 잘 나타내면 되는 것이기에 나만 있기에 함께함이라는 민주주의는 어디에도 없고 나만 있게 되는 것이지요. 중력이 있어 몸을 써서 일하는 것은 힘들고 위험하기에 논리력인 생각을 해서 중력과 맞서려고 하지요. 신(기운)이 창조한 최고의 역작 뇌가 있다지요. 논리력을 제공해서 물질 생산을 원활하게 하지요. 몸을 힘듦에서 구하기에 뇌의 활동 논리력을 최고로 치지요. 물질세계 기운이 작고 욕구를 물리치지 못하지요. 왜 물질을 이용해서 살아가는 도리를 구현하려 할까요. 물질은 나타내는 힘으로 만들어져서 보이는 것이지요. 보이는 것을 평가할 수 있지요. 나만을 나타내는지 화합하는 정신 민주주의를 나타내는지 알 수 있지요. 정신 진아로 우리가 추구해야 하는 것이지요. 부끄러움을 타는 기운으로 직접 나타냄을 하지 못하고 물질을 통해서 나타냄을 하지요. 지금 하늘에서 물질을 선택했고 우리는 물질을 지금 최고의 가치로 생각하고 추구하지요. 하늘(마음)이 물질문명을 주어서 몸을 구한 후에 민주주의 정신을 구현하려는 계획을 모르고 있지요. 물질문명, 나를 나타내려고 애쓰지요. 나 살려고 태어나서 나를 화려하게 나타내려고 애쓰지요. 나를 화려하게 나타내는 것, 나쁘지 않지만 나만이 있어서는 안 되지요. 물질문명 모여 사는 곳에서 나 혼자서는 안 되기에 서로 협조를 해야 하는데 부족한 기운과 나를 화려하게 나타내려는 기운 때문에 화합 대신에 나만이라는 것을 하고 있지요. 물질문명, 서로 교류를 해야 하는데 물질 나를 내세우기에 나라는 개인 약자인 개인을 우선시하기에 기본적인 물질 부족을 해결해서 삶을 어느 정도 가꿀 수만 있다면 기존의 억압적인 구조 물질이 부족해서 몸에 얽매여서 몸의 힘듦에 사람의 살아가는 도리, 규범보다도 나의 이해관계가 우선이 되기에 이를 제재할 강압적인 규범이 필요하기에 억압된 구조가 만들어졌기에 나의 뜻을 펼치기가 힘들지요. 억압된 구조, 다양성의 뜻이 없는 획일화된 구조는 소수의 기득권의 뜻을 펼치기가 수월하지요. 기득권의 이해관계만이 있는 억압된 구조, 획일화된 구조가 만들어지겠지요. 삶에 여유가 생기면 약자가 있는 다양성이 있는 나라는 약자의 뜻을 펼칠 수 있는 다양성이 있는 구조로 가기 위해 획일화된 구조를 벗어나려고 애쓸 것이고 다수의 뜻이 모인다면 벗어날 것이지요. 각각의 개성이 모여 무리를 이룬 데서 다양성이 없는 하나의 뜻, 획일화된 구조는 나의 삶을 가꾸려는 의지가 있으면은 무너지게 되어 있는 것이지요. 나의 뜻, 개인의 권리를 찾으려고 하기에 약자인 개인의 권리가 향상되겠지요. 권력이라는 조직적인 힘 앞에서 미디어, 인터넷의 발전과 함께 개인이라는 약자의 권리를 향상시킬 수 있었지요. 개인주의를 완성시킨 거지, 약자가 있는 민주주의를 발전시킨 거는 아니지요. 개인주의, 물질문명의 결과물이지요. 물질, 서로 교류를 하여야 하는데 나의 권리가 우선이기에 화합은 없이 나만의 이해관계만이 있지요. 물질문명 물질의 풍요를 이루어 나의 삶을 가꾸려고 나만의 이해관계만이 있는 기능을 추구하고 삶이 향상되자 개인의 권리가 향상되었지만 나만의 이해관계만이 있는 이해관계에서 강자만이 있는 개인주의를 만들어 냈지요. 초기의 물질문명(제국주의), 약자라는 개인의 권리가 향상된 민주주의에 다가선 거 같았지만 우세한 힘을 바탕으로 교류가 아닌 착취를 하였지요. 나의 이해관계를 위해 약자의 뜻은 상관없이 나만의 뜻, 강자의 뜻만이 있었지요. 개인주의이지요. 초기의 착취 상태를 계속 유지하려 했고 그러기 위해서 나만의 뜻을 지키기 위해서는 무력을 내세웠으니 이해관계가 충돌할 때는 전쟁밖에 해결책이 없지요. 풍요한 물질을 가지지 못하고 나를 내세우는 데 어려움이 있는 자는 이를 불사하지요. 결국에는 개인주의

파국으로 치닫게 되겠지요. 전쟁, 나만의 권리를 파괴하지요. 의지의 동물, 사람 깨어 있으려고 애쓰지요. 상대를 힘으로 억압하는 식민주의, 제국주의는 모순으로 자체 파멸로 치닫는 것을 알고 민주주의를 건설하려고 약한 상대를 배려했지만 개인주의, 나만의 이해관계 외에는 관심 없지요. 약자를 자신의 세력권 안에 두려고 강자들의 각축만이 있지요. 약자가 있는 민주주의를 건설하려고 물질문명을 개인주의자들에게 주었는데 그들은 개인주의를 발전시켜 개인이라는 약자의 권리를 향상시키는 데는 성공했지만 이해관계에서 나만의 권리만을 찾기에 강자의 권리만이 있기에 민주주의 약자의 권리는 어디에도 없지요. 하늘, 얼마나 시간을 더 줄지 모르겠으나 자연 모두가 살아야 할 이곳을 심각하게 훼손한 사람을 민주주의가 아닌 개인주의에 머물러 있는 사람을 용서하지 않겠지요. 민주주의를 기대하고 산업화하는 과정에서 삶의 수준이 향상되면서 인구가 폭발적으로 늘면서 자연이 심각하게 파괴되었지요. 하늘, 자연의 파괴를 용인했지요. 전체주의에서 개인의 권리가 향상되는 개인이라는 약자의 권리가 향상되는 민주주의에 다가가자 자연의 파괴를 용인하였지만 민주주의를 건설하지 못하고 개인주의에 머물러 있으면 강자의 뜻만이 있는 획일화된 구조만이 있으면 물질을 벗어나지 못하기에 편안함을 가질 수 없기에 사람을 용서하지 않겠지요. 하늘은 피를 흘리는 것을 주저하지 않지요. 함께해야 할 자연을 사람의 나약함으로 파괴되는 것을 오래 기다려 주지는 않겠지요. 그러기에 민주주의를 빨리 건설해야겠지요. 민주주의를 건설하여 온 만물이 편안해지기를 원하는 마음은 고육책으로 물질문명을 발전시켜 나의 삶을 가꾸는 삶의 도리를 가꾸려는 수준으로 발전시켜 민주주의를 향하여 가려고 물질문명을 발전시키려고 물질의 기운을 주었지요. 물질, 나를 나타내려는 욕구가 있지요. 삶의 수준을 향상시키려면 물질문명이 발전해야 하기에 마음 물질의 나를 화려하게 나타내려는 욕구를 용인할 필요성을 가졌지요. 물질문명을 일으키려 할 때 이것을 용인해서 물질로 나를 화려하게 나타내려고 물질문명을 일으키도록 유도하려고 용인하였지요. 많은 폐단을 잉태했지요. 초기의 물질문명 아무것도 없는 데서 물질문명을 일으키려면 먹고사는 문제를 해결하는 것 외에 나를 화려하게 나타내려는 욕구가 필요했지요. 사업체를 일으키려면 은행에서 돈을 빌려야 했지요. 돈을 빌리면 이자도 주어야 했고 사무실 공장 임대료 외에 인건비도 주어야 했기에 효율적인 똑똑함에 목숨을 걸어야 했지요. 똑똑함, 물질세계 최고의 가치이지요. 똑똑하지 않다는 말은 최고의 모욕이지요. 아담과 이브는 에덴동산에서 선악과라는 똑똑해지는 과일을 먹고 낙원 에덴동산을 나와야 했지요. 내 생각에 그들은 창조주 마음의 뜻을 알고 자청해서 선악과를 먹고 똑똑해져서 낙원을 나온 것이지요. 온 만물에 충만한 기운을 퍼트려서 온 만물이 편안해지기를 바라는 마음의 뜻을 알고 혼돈의 세계, 똑똑해야 살 수 있는 세계로 나온 것이지요. 중력과 원심력의 영향을 받는 물질로 이루어진 몸을 갖고 시작해야 했지요. 초기의 혼탁한 기운을 정화해서 성숙한 기운으로 만들어야 했지요. 몸을 갖고 움직여야 뭔가가 나오는 물질세계, 중력과 원심력의 영향을 받기에 힘들지요. 혼탁한 세상에 살고 있는 생명체를 깨우치고 이끌어야 하는 사명을 가지고 낙원을 나온 사람들은 지구라는 뭔가를 나타내는 별에서 물질로 된 몸을 갖고 혼탁한 기운을 성숙한 기운으로 만들기 위해 절제된 삶을 살아야 했지요. 절제, 마음의 애쓰는 힘의 기본으로 오욕칠정을 갖고 있는 몸을 갖고 혼탁한 기운 속에서 살아야 했기에 초심을 지켜야 하는 힘듦에 노출되었지요. 각 별에서 차출되거나 자원해서 온 생명체들은 낙원에서 온 깨어 있는 성숙한 기운을 가진 이들과 함께 살게 되었지요. 성숙한 기운을 가진 깨어 있는 그들에게서 삶의 도리 등을 배우고 물질을 얻는 방법을 배웠지요. 혼탁한 기운을 성숙한 기운으로 바꾸기 위한 애씀은 물질이라는 작은 기운을 갖고 해야 하기에 끊임없는 애씀을 해야 하고 화려하게 나를 나타내려는 기운이 욕구화되어 화려함을 채울 수 없어 끊임없는 애씀을 해야 하기에 몸에 매여 나만이라는 무절제는 나만이 있어 의지가 있어 화합하는 기운 정신을 구현하지 못하고 나만을 나타내려고 하기에 부족한 기운 속에서 치열함만이 있게 되는 것이지요. 선각자들의 깨우침과 의지를 갖고 절제된 삶을 살려고 하는 사람들은 혼탁한 기운을 떨쳐 내려고 하지만 모여 살기에 몇몇의 노력만으로는 안 되지요. 다수의 뜻이 모여야만 하나의 뜻이 세워지고 그 뜻이 무리의 삶을 이끌 때 그 뜻에 맞추어 삶을 살지만 몸의 오욕칠정은 삶을 힘들게 하지요. 그중 물질 부족에서 오는 삶의 폐해는 너무나 크기에 힘듦에 절제를 못 하고 나만이라는 물질의 늪에 빠지게 되지요. 작은 기운과 화려하게 나타내려 하기에 끊임없이 애씀이라는 늪에 빠지고 절제를 해야 다가갈 수 있는 정신에 다가가지 못하고 나만이라는 늪에 빠져 모여 사는 데서 나를 나타내려고 하기에 상대를 배려하는 것이 없는 데서 끝없이 다툼만이 있게 되는 것이지요. 마음이 천지를 창조하고 생명체를 주어서 혼탁한 기운을 밝고 맑은 기운으로 만들려고 하는데 물질을 갖고 해야 하기에 오욕칠정이라는 몸의 기운을 정신이 제어하면서 절제를 갖춘 삶의 자세를 만들어 가면서 밝고 맑은 기운을 천지에 전파하려 하는데 마음은 왜 처음부터 밝고 맑은 기운을 만들어 내지 못하고 왜 이렇게 힘들게 몸의 욕구를 이겨 내야만 편안한 기운에 접근할 수 있게 하였는지. 무리를 보면 각양각색의 뜻을 갖고 살고 있지요. 모여 살면서 서로의 삶을 지켜 주어야 하기에 어느 선을 넘어서면 안 되는 것이 있지요. 사생활을 지켜 주어야 하고 피해를 주어서는 안 되고 등 서로서로가 지키면서 살아야 하는 것이 있지요. 지켜야 하는 선을 구체화시켜 놓은 것이 법이고 규범이지요. 기준을 제시하고 그것에 맞추어 살지만 법, 규범이라는 기준이 모든 것을 만족하지는 못하지요.

기준, 꼭 지켜져야 삶을 혼란으로부터 막고 나의 삶이 지켜지는 수준으로 모든 만사를 해결하지는 못하는 것이지요. 모든 만사를 법률화할 수는 없지요. 규범(관습 등)으로 법으로 처리할 수 없는 것을 보완하면서 삶을 살지요. 각양각색의 뜻을 기준을 정하여 그것에 맞추어 살게 하면서 우리가 살면서 축적한 지혜 등으로 규범을 만들어서 각양각색의 뜻을 조율하면서 살고 있지요. 각양각색의 뜻이 있지요. 열심히 일해서 먹고사는 사람, 남을 즐겁게 해서 먹고사는 사람, 남에게 피해를 주면서 먹고사는 사람, 각양각색의 뜻이 있지요. 마음, 애쓰는 힘으로 절제된 힘을 기본으로 하지요. 절제, 힘듦을 이겨 내고 혼탁함을 밀어 내고 밝고 맑음을 만들어서 모두가 편안함을 갖게 하는 것이지요. 즉, 내 몸뚱이 편한 대로만 살지 않고 힘들더라도 지켜야 할 규칙을 지켜가면서 바르게 살아가는 것이지요. 절제에는 힘듦을 이겨 내라는 뜻이 있는 것이지요. 왜 이렇게 했는지는 마음에게 물어보아야 하겠지만 의지 있는 삶을 원하는 것이지요. 절제, 의지를 보여야 할 수 있는 것으로 이것을 모든 만물에게 적용하는 것이지요. 선과 악이 있다고 하는데 선과 악은 하나이지요. 마음은 힘듦을 이겨 내고 나아가는 것에만 편안함을 주겠다는 것이지요. 물질의 기운, 오욕칠정대로 했다가는 나 편한 대로 살았다가는 무리를 지어 사는 곳은 나만이 있어 다툼으로 힘들어지겠지요. 물질인 몸을 갖고 해야 하기에 살아가는 도리, 절제를 하면서 살아야 하는데 개성과 삶을 살아가는 강도의 차이 등이 오욕칠정을 다루어 가면서 나타내는 것이 차이가 있어 절제, 맑고 밝게 나타내는 것이 힘들지요. 선은 오욕칠정을 의지로 이겨 내면서 삶을 잘 유지시키는 규칙에 맞게 바르게 사는 것을 일반적으로 선이라 하지요. 악은 오욕칠정을 못 이겨 내고 규칙을 지키지 못하는 것으로 삶을 잘 유지시키는 규칙, 하나의 기준이 자체모순이 있어서 개선을 해야 한다면 고쳐야겠지만 그전까지는 지켜야 하는 것이지요. 선과 악, 의지를 발휘해서 오욕칠정을 이겨 내면 선이 되고 나태함으로 이를 이겨 내지 못하면은 악이 되는 것이지요. 천사와 악마가 따로 있는 것이 아니지요. 굳이 나누자면 많은 노력을 해서 의지를 발휘해서 오욕칠정을 이겨 내고 도덕적으로 되면서 사회에 기여를 하면 천사가 되는 것이고 오욕칠정을 못 이겨 내고 타락하면서 삶에 민폐나 끼치는 것은 악마이지요. 악마는 능력자가 아니지요. 짜증 나게 하고 괴롭히고 하는 것이 악마이지요. 천사는 애씀을 해서 이룬 성과가 세상을 밝히는 것으로 능력자이지요. 이런 천사가 오욕칠정을 못 이겨 내고 타락을 하여서 악마가 되면 큰 악마가 되는 것이지요. 그래서 창조주 마음은 천사를 쓰기 위해서 그에게 시련을 주어서 이겨 내는 의지를 확인한 후에 일을 맡기는 것이지요. 천사가 타락하면 더 큰 문제가 되니까요. 마음은 창조를 하면서 정신과 물질을 주었기에 혼돈의 상태에서 힘듦을 이겨내고 편안함을 얻으려고 하지요. 아담과 이브 그리고 일행은 정신을 나타내려고 물질이라는 몸을 갖고 나타내는 별, 지구로 와서 의지를 잃지 않고 애씀을 하면서 다른 행성에서 온 사람들을 이끌면서 편안함을 건설하려 하지요. 에덴동산이라는 낙원에서 정신의 기운으로 있다가 이끎, 도전, 배려, 양보 등의 가치가 다른 별에서 온 다른 가치를 가진 사람들과 살면서 그들의 가치가 시험대에 올랐지요. 힘든 세상에서 초심을 잃지 않고 창조주 마음의 뜻에 따라 의지를 갖고 편안함을 건설하는 데 주력할지 어려운 난관이 쌓여 있지요. 혼돈의 시대, 각각의 자신만의 뜻을 갖고 살고 있었지요. 그들도 나름대로 그들의 가치, 정신을 갖고 있지만 편안함을 얻어야 하는데 무력이나 술수 등은 필요악으로 어떠한 상황을 정리하고 해결하는 데 필요하지만 그 일이 끝나면 자체모순에 의해 그 대가를 치르고 사라져야 하지요. 일례로 앞선 문물을 전파하기 위해서 로마라는 제국이 세워져서 유럽을 깨웠고 몽골이라는 기마민족을 앞세워서 유럽에 문물을 전파하면서 유럽을 깨웠지요. 그 수단이 무력이었고 피를 흘리는 것을 주저하지 않았고 피의 제국이 문화를 발전시키지 못하고 자체 안위에 빠져 안주하려 할 때는 주저하지 않고 제거하였지요. 근대에 물질문명이 꽃피워 강대해진 제국주의는 무력으로 식민지를 건설하고 물질문명을 전파하였지요. 그 후에 착취와 인권유린이 벌어지고 피의 제국들은 나만을 나타내려는 자체모순에 빠져 전쟁을 하다 사라졌지요. 그 후 민주주의라는 것을 전파한다고 약자를 자기 세력권에 두려고 강자들의 대립이 시작되었고 물질문명의 한계, 나만을 나타내려는 강자들 때문에 약자들은 한쪽에 편입되어 강자의 눈치를 보면서 살다가 용도가 없는 제국은 사라지고 물질문명을 전달하면서 삶의 질을 끌어올리는 제국은 살아남았지요. 개인주의를 만들어서 개인의 권리를 향상시키는 제국은 아직까지는 필요하기에 하늘은 살려 두었지요. 그 어떤 제국도 물질문명으로 강국이 되었어도 하늘의 뜻, 물질로 삶의 질을 끌어올리고 더 나아가 민주주의로 가면 살려 두지만 공룡같이 자신만의 안위로 흐르면 살려 두지 않지요. 창조주 마음과 사람의 마음은 무선으로 통신망, 전력망이 깔려 있기에 하늘의 뜻에 위배되는 삶의 질을 끌어올리지 못하는 민주주의로 향하여 나가지 못하는 그 어떤 강국도 하늘은 용서하지 않기에 마음으로 기운을 전달하여 활동력을 위축시키는 것이지요. 최근에 그 어떤 강국도 민주주의로 가는 데 방해가 되자 허무하게 무너트리거나 경제 강국도 민주주의에 기여를 못 하면서 자신만의 안위만이 있자 활동력을 위축시켰지요. 경제 처방이 백약이 무효로 정체의 길을 갔지요. 자신의 힘이 커지자 안하무인인 강국도 하늘의 노여움을 사서 쇠퇴의 조짐을 보이는 것은 하늘의 버림을 받은 것이지요. 계속해서 발전하는 제국은 그래도 하늘의 뜻 삶의 질을 끌어올리고 민주주의를 형식적으로라도 추구하기에 마음으로 기운이 계속 전달되어 활력 있게 하는 것이지요. 하늘(마음)은 민주주의 편안한 기운을 얻기 위해서 아담과 이브 및 그 일행을 힘듦이 있는 형극

의 길로 보냈고 그 어떤 것도 민주주의로 가는 길에 방해
가 된다면 제거할 것이지요. 물질문명을 번성시키려고 결
정을 한 마음은 물질의 욕구 나를 화려하게 나타내려는 욕
구를 용인해야 했지요. 아무것도 없는 데서 대량생산 체계
를 구축해서 물질의 풍요를 이루려면 욕구가 필요했지요.
은행에서 돈을 빌려서 사업체를 운용하면서 돈을 벌어서
은행에 빚을 갚고 안정적으로 수익을 얻으려고 나머지 돈
을 은행에 예치하면 사회에 그만큼의 돈이 없어져서 부족
하게 되어서 소비력이 사라지면서 생산력 또한 감소하게
되지요. 산업력이 위축되어서 물질의 풍요를 이루지 못하
지요. 욕구, 나를 화려하게 나타내려고 하기에 그 어떤 화
려함도 익숙해지면 식상하기에 욕구를 채울 수 없는 것이
지요. 끝없이 욕구를 채우기 위해 끊임없이 애씀을 해야
하지요. 욕구 때문에 사업체를 일으켜서 물질을 얻으면 그
것을 재투자를 하고 돈이 돌기에 자산 가격이 상승하고 은
행에 원리금을 갚아도 그것을(상승한 자산) 은행에 담보로
맡겨서 융자를 더 받을 수 있어 시중에 돈이 많이 돌지요.
욕구, 화려한 나타냄을 위해 나를 절제하지 못하는 것이나
재투자를 하여서 나를 화려하게 뽐내려 하기에 재투자가

시중의 자산 가격을 올려서 은행에 원리금을 내고 나면 시중에 돈이 부족하게 되어 산업력을 위축시키는데, 자산 가격이 올라서 은행에 추가로 융자를 받을 수 있어서 돈이 부족하게 되지 않고 돈이 돌고 돌아서 유통이 원활하게 되어서 산업력이 위축되지 않는 것이지요. 산업 활동이 왕성하여 물질이 풍성하여도 기운이 작기에 소모되기에 낡기에 채우고 가꾸고를 끊임없이 해야 하지만 먹고는 살기에 그냥 살 수는 있겠지만 나를 화려하게 나타내려는 욕구는 더 좋고 화려함을 물리치지 못하고 재투자를 하지요. 다름보다 경쟁력이 있어야 화려함을 할 수 있기에 경쟁력 있는 물질을 만들어 내야만 하겠지요. 조물주(마음)가 창조한 최고의 역작 뇌가 있다지요. 생각을 해서 논리력을 주어서 중력과 맞설 수 있는 기계화를 해서 힘듦을 많이 해결하였고 대량생산을 하게 해서 물질의 풍요에 다가서게 했지요. 뇌가 생각을 한다고 하지요. 생각에는 단순하고 쉬운 것은 그냥 기억력에 저장하는 것과 복잡한 계산을 해서 그 후에 기억력에 저장하는 것이 있지요. 기억력에 저장되는 순간 생각이 되지요. 뇌, 단순한 계산기이지요. 컴퓨터로 치자면 메모리와 프로세스가 탑재된 단순한 계산기이지요. 생

각은 몸에 저장된 기운이 하는 것이지요. 창조주 마음과
사람의 몸에 있는 마음이 무선으로 연결된 통신망이 깔려
있기에 마음에서 나오는 기운이 서로에게 전달되어 의사
소통을 하는 것이지요. 창조주 마음에서 결정을 한 생각이
우리의 마음으로 전달되어 기운이 전달되어 몸으로 들어
와 저장이 되면 그 기운이 힘이기에 전류가 되어 생명력을
주기도 하고 생각이라는 힘을 우리에게 주기도 하지요. 기
운이 모든 것을 창조하고 운용하지요. 우리가 말하는 신이
라는 것이지요. 사람의 마음에서 나오는 기운이 사람끼리
도 소통이 되고 그 일례로 양자역학에서 서로 약속된 규
칙, 음식을 시킬 때 둘이서 내가 짜장면을 시키면 너는 짬
뽕을 시키기로 서로 약속을 했다면 둘이 멀리 떨어져서 통
신이 안 되는 상황에서도 한 명이 짜장을 시키면 한 명은
짬뽕을 시키는 일이 벌어지지요. 기운, 이것은 아무리 멀
리 떨어져 있어도 시간의 개념 없이 바로 마음으로 입력이
되는 것이라 기운이 서로 상대의 마음으로 입력이 되기에
생각이 되기에 음식을 통신이 안 되어도 약속한 것같이 시
키는 것이지요. 기운, 모든 것을 하는 힘이지요. 생각도 하
고 전류를 만들어서 생명력에 숨을 불어넣기도 하지요. 그

래서 생각을 몸에 저장된 기운, 마음을 통해 들어온 기운이 몸에 저장되어 생명력도 되고 생각도 하지요. 인공지능이 고양이를 구별하는 데 어려움이 있다고 하지요. 사람은 어린애도 쉽게 구분하지요. 인공지능은 고양이를 구별하는 데 계산을 하지요. 이렇게 저렇게 생겼으니까 고양이구나 하지요. 입력이 안 된 상황이 발생하면 모르는 것이지요. 사람은 몸에 저장된 기운이 생각을 하지요. 쉬운 것은 기억력에 바로 저장이 되어서 생각이 되지요. 어려운 것은 기운이 생각하다 뇌의 연산 능력을 이용해서 이렇게 저렇게 연산을 하라고 뇌에 신호를 보내서 연산을 시키지요. 그래서 연산 후에 기억력에 저장을 하면 생각이 되지요. 뇌의 저장 능력과 연산 능력의 용량이 크면 생각하는 데 도움이 되겠지요. 자율 주행차의 뇌가 생각을 못 하고 계산을 하기에 사람보다 뛰어난 계산력과 저장 능력을 가졌어도 생각을 못 하기에 입력이 안 된 돌발 상황이 왔을 때 생각만 하면 해결되는 쉬운 상황일지라도 인공지능은 입력이 안 된 것이라면 계산을 해 보았자 학습한 거에 없기에 의지라는 아무것도 없는 데서 무엇인가를 추구하여 도출해 내는 창의성이 없기에 생각을 못 하기에 대처를 못

하는 것이지요. 인공지능은 의지가 없이 머리만 있는 것이지요. 의지라는 어려움을 이겨 내려고 애쓰는 힘이 없지요. 어려움을 못 이겨 내고 비슷비슷한 학습한 거와 비슷한 것을 생각하는 것이 전부이지요. 아무것도 없는 상황에서 애씀을 하면서 무엇인가를 만들어 내는 의지의 동물, 사람과는 다른 것이지요. 학습한 거와 비슷한 거는 만들어 내겠지요. 창의성은 아닌 것이지요. 뇌를 활용하려고 애쓰지요. 그런데 생각을 뇌가 하는 것이 아니고 몸에 저장된 기운, 즉 몸이 생각을 한다니 지금까지 알고 있던 거와는 다르지요. 생각을 몸이 한다면 똑똑해져야 살 수 있는 물질세계에서 똑똑함을 위해 뇌를 훈련시키는 학습을 해 왔지요. 산업에서 경쟁력을 키우려면 연구 개발을 해야 하지요. 많은 공부를 한 똑똑한 분들을 초빙해서 연구 개발을 하지요. 비슷비슷한 유사품이나 개발하면 경쟁력에서 앞서 나갈 수 없어 화려함을 뽐내기가 힘들어지지요. 연구 개발은 창의성이 있어야 하지요. 뇌를 이용한 학습법은 인공지능과 같이 비슷비슷한 것을 만들어 내는 데는 탁월하겠지요. 뇌 저장과 연산 능력만이 있는 계산기이고 의지라는 어려움을 이겨 내는 것이 아니지요. 공부 열심히 하여 반복 학습으로 비슷한 것을 추리하는 능력을 익힐 수는 있으나 다른 차원의 획기적인 것을 만드는 데는 어려움이 있지요. 반복 학습적인 학습을 한 곳은 창의적으로 산업을 개발해서 선점해서 많은 돈을 벌지는 못하겠지요. 반복 학습, 열심히는 하는 것이기에 뒤따라가면서 열심히 해야만 하는 제조업을 발전시키겠지요. 제조업, 반복 학습같이 열심히 해야 할 수 있는 산업이지요. 그래서 앞서 나가지는 못해도 제조업을 발전시키겠지요. 물질세계, 기운이 작고 화려한 욕구를 갖고 있기에 끊임없는 애씀을 해야 하기에 열심히 해야 하기에 그 취지에는 맞으나 뇌를 학습해서는 따라가는 산업만을 발전시켜 화려하게 뽐내는 것을 마음껏 하지는 못하지요. 어찌 되었든 물질세계는 선점을 하든 따라가든 화려함을 채울 수 없기에 끊임없는 애씀만이 있지요. 창의적인 것을 해야 산업을 선점해서 수익을 올릴 수 있어 목표로 하는 화려함을 뽐낼 수 있는데 어떤 학습을 해야 창의성이 있는 공부를 할 수 있을까요. 몸에 저장된 기운이 생각을 한다고 했지요. 몸의 기운이 생각을 하고 뇌로 보내서 쉬운 것은 그냥 저장을 하고 어려운 것은 연산을 시킨 후에 저장을 해서 생각이 되지요. 기운도 절제된 기운이어야 의지를 갖고 어려움을 이겨 내려는 기운이어야 하지요. 아무것도 없는 데서 무엇인가를 추구해서 삶에 유익한 것을 만들어야 삶이 여유로워져서 나만이 아닌 함께함을 추구할 수 있는 발판이 만들어지지요. 기운을 의지에 찬 기운으로 만들면 어려움에 굴하지 않고 추구하는 힘을 길러야 기운이 힘 있게 생각을 해서 창의성이 있게 되지요. 근면한 기운, 부지런한 기운으로 만들어야 하지요. 뇌도 중요하지만 몸이 움직이는 어려움을 피하지 않고 맞서는 것을(제일 좋은 것은 몸 공부(운동)이지요) 학습시키는 것이 의지력을 키워 주어 부지런한 기운으로 만들어서 창의성이 있는 생각을 하게 해서 산업을 선점해서 나를 뽐낼 수 있고 거기서 더 노력하면 함께함에 다가갈 수 있어 하늘이 원하는 편안한 기운을 만들 수 있어 지구에 온 이유도 성공하고 온 만물이 편안함 속에 있을 수 있지요. 산업을 일으켜서 물질의 풍요를 일으켜서 약자인 개인의 권리를 신장시켜서 민주주의를 향하여 가려는 하늘의 뜻은 욕구를 용인하였지요. 수익금을 은행에 예치하지 않고 재투자해서 화려함의 욕구를 채우려고 애씀을 하는 과정에서 일자리가 늘어나고 소득이 증대되어 물질의 풍요를 가질 수 있었지요. 물질의 풍요를 유지하고 키우기 위해서 신기술을 내놓지만 인공지능이라는 뛰어난 학습 능력을 가진 것을 이용해서 부를 창출하려 하지요. 비슷비슷하게 만들어 내는 능력이 탁월하기에 계산을 해서 비슷하게 내놓는 능력이 있어 단순 반복적인 업종은 일자리가 위협받고 있지요. 일자리를 인공지능을 장착한 로봇과 경쟁을 해야 하지요. 일자리를 잃으면 나를 못 나타내고 삶을 가꿀 수가 없지요. 하늘의 계획이 발전된 기술로 인해 좌초되게 되었지요. 삶의 수준 향상과 나를 가꾸려는 것 때문에 즐기고 싶은 것 때문에 힘든 일을 안 하고 저출산 이루어지고 기술의 발달로 물질세계 위기에 봉착했지요. 그러나 물질문명이 소기의 목적을 이루고 일을 안 해도 되는 정신문명으로 나갈 때가 된 신호이기도 하지요. 그리고 물질의 풍요로 물질 부족을 해결하였지요. 하늘의 계획 착착 진행되어 가고 있지요. 나를 화려하게 나타내려는 욕구를 다스려야 할 때가 된 것이지요. 물질의 생산을 위해서는 기능이라는 나를 잘 나타내기만 하면 되는 것을 채용했지요. 물질, 힘들어서 보다 쉬움을 추구하고 그래서 힘든 함께함은 피하고 그리고 용인한 욕구 나를 화려하게 나타내려는 것과 기능이 맞물려서 나만이라는 것을 만들어 냈지요. 모여 사는 데서 나만의 이해관계만이 있어도 된다는 것이 만들어졌지요. 욕구가 용인되고 기능이 용인되고 나의 행위는 법에만 걸리지 않으면 정당성을 갖는 자유가 만들어졌지요. 자유, 나의 행위에 책임을 지는 것으로 모여 사는 데서 나는 함께함을(편안한 나를 갖기 위해서) 위해 노력을 해야 하는 것을 잊고 힘들기에 개인의 권리, 나만의 이해관계 해결에만 중점을 두었지요. 자유라는 말이 물질세계에서 자본가는 노동자를 박봉에 부려 먹으면서 막대한 수익을 올렸지요. 이런 행위가 개인의 권리로 인정되어야만 한다고 말한 것이 자유이지요. 나의 화려한 욕구를 채우기 위해 이 행위가 정당하고 맞는 것으로 생각하면서 자본을 축적해 갔지요. 흐름, 하늘이 고육책으로 인정했기에 맞는 줄 알고 받아들였지요. 모여 사는 이들은 삶을 유지시키기 위해서 개성의 표출을 모두 용인하면 나 살려고 태어난 데서 다툼만이 있기에 하나의 기준을 마련했지요. 법, 관습 등으로 규범을 마련하여 거기에 맞추어 살면서 개성에서 오는 다툼을 억제시키고 운용하고 있지요. 다양성은 용인하면서 행위가 어느 선을 넘으면 제재를 하는 법이나 관습을 벗어나지만 않으면 되는 행위를 인정하는 자유를 용인하였지요. 나만의 화려함이나 나만 잘 나타내면 되는 기능이 용인되기에 이해관계에서 나만이 있기에 법에만 걸리지 않으면 된다는 행위가 벌어지지요. 하늘의 고육책이지, 옳은 것은 아니지요. 우리는 민주주의를 건설해서 충만한 기운을 만들어서 영생을 누리면서 편안함 속에 있으려고 지구에 온 것이지, 끊임없는 애씀만 하려고 온 게 아니지요. 부자도 부를 지키기 위해서 끊임없이 애씀을 해야 하지요. 상류층이라는 자부심 외에는 힘들기는 마찬가지지요. 깨어 있는 이들은 하늘의 고육책을 알고 경계하기 시작했지요. 화합을 하려면 차이를 줄이고 의지를 발휘해서 나의 욕구를 억제해서 약자를 이끌어서 함께해야 한다고 생각하지요. 누구는 잘살고 나는 못살고 해서는 나만이 있어 함께해야 하는 것이 없으면 아무리 개인의 권리가 신장되어도 함께함은 안 되기에 경계를 하면서 깨어 있는 이는 열악한 환경을 개선하고 약자도 삶을 살 수 있게끔 애씀을 하였지요. 초기의 물질세계 자유가 있어 자본가는 잘살고 약자인 노동자는 열악한 환경에서 사는 것을 개인의 권리가 있기에 자본가의 막대한 수익을 정당하다고 보앗지요. 생산을 위해서 아동의 노동력 착취도 정당하다고 보았지요. 근무 환경도 나쁘고 근로시간도 길어서 노동자의 삶의 질은 먹고 일하고 외에는 없는 동물 같은 삶이었지요. 자본가가 돈을 벌어서 재투자를 하고 일자리를 얻어서 먹고사는데 나만이 있는 강자만이 있는 개인주의의 극단을 보여 주었지요. 깨어 있는 이들은 자본주의의 극단을 보완하면서 가야 한다고 생각했지요. 물질세계에서의 자본주의가 나만 있는 강자만이 있어 전보다는 먹고살기가 나아졌지만 흐름 모여 사는 곳에서 그곳의 분위기가 있지요. 누구는 하고 누구는 못 하고는 그곳의 분위기에 맞추어 사는 사람한테는 받아들일 수 없는 것이지요. 나의 능력껏 사는 물질세계 많은 폐단이 있기에 생산한 걸 모두가 똑같이 나누어서 삶의 차이를 줄이고 모두가 잘살 수 있도록 시도를 해 보았지요. 근무시간도 줄이고 휴식 시간도 가지면서 삶을 잘 가꾸려고 했지요. 욕구, 나를 화려하게 나타내려는 물질은 자본주의에서 나의 능력을 나타내어 나의 권리를 찾아서 나의 삶을 가꾸려는 것을 사랑한 사람은 자본주의 폐해를 보완을 하면서 나를 화려하게 나타내려 하지요. 극단적인 시도를 막으려고 노동자의 처우를 개선하면서 내가 열심히 해서 나의 욕구 나타냄을 나타내면서 살고 있으나 먹고살기는 해결하고 나를 화려하게 나타내려는 데는 물질의 한계, 기운이 작고 화려함을 채울 수 없어 끊임없이 애씀을 해야 하기에 어려움이 있지요. 자유를 부정하고 똑같이 나누는 것은 물질의 욕구에 의해 움직이는 물질세계에서 욕구를 발휘하여도 나에게 돌아오는 것이 똑같기에 근로 의욕의 저하를 가져오기에 마찬가지로 힘들지요. 빵의 크기를 키우는 데 어려움이 있지요. 자유를 부정하고 탄생한 정권이나 자유를 인정하고 보완하면서 유지하는 정권이나 민주주의라는 사람의 도리를 향하여 나갔지요. 약자라는 개인의 권리를 향상시키면서 약자의 삶을 끌어올리고 모두의 삶을 풍족하게 하려고 애썼지요. 자유를 부정한 정권은 모든 것을 똑같이 나누려면 획일화된 사회를 만들어야 가능했기에 관리자의 역할이 중요했고 권력이 강화되었지요. 물질인 몸을 갖고 움직이는 그들도 강화된 권력으로 나를 화려하게 나타내려고 하지요. 노동자를 위해 탄생한 정권이지만 욕구를 이겨 내지 못하고 강화된 권력으로 그들만의 세상을 만들었지요. 근로 의욕 저하로 빵의 크기를 키우지 못하고 그들만의 세상이 나의 뜻을 나타내려는 욕구와 충돌하여 자유를 부정하는 세력은 사라지게 되었지요. 자유를 인정하면서 자본주의를 보완하면서 빵의 크기를 키우고 먹고살 만하면서 나의 뜻을 펼치려고 노력하면서 나의 뜻을 펼칠 수 있는 개인의 권리가 있는 곳을 만드는 데 성공한 곳은 자유라는 강자의 뜻만이 있는 개인주의를 만들었지요. 노동자의 권리와 이익을 위해 출발한 노조도 그들만의 세계를 만들어서 그들만의 이익, 황제 노조라는 별칭을 얻고 있지요. 나만이 있지요. 물질세계, 먹고살기가 되면서 삶을 돌아볼 수 있는 수준으로 만들어서 삶의 도리를 만들어 가면서 민주주의로 향해 가려던 하늘은 사람의 노력을 적극적으로 지원했지요. 물질의 기운을 널리 퍼트려서 민주주의로 가려던 계획이 현재까지는 성공했지만 개인주의에 막혀 모두가 함께해야 할 자연만 파괴하는 사람에게 화가 나기 시작한 것이지요. 물질세계 한계에 온 것이지요. 먹고살기가 되었고 개인의 권리가 향상된 개인주의를 이루었기 때문이지요. 나만 있는 곳을 함께함이 있는 곳으로 만들어야 하는데 어디서부터 손을 보아야 할까요. 물질의 풍요로 유복하게 자란 젊은 세대는 힘들고 어렵고 더럽고 등을 하려고 안 하지요. 품위 있게 살고 싶은 것이지요. 3D 업종 생활의 필수품을 생산하지요. 임금도 낮고요. 생활수준이 높은 곳은 이 업종을 임금이 낮은 곳으로 이전하고 자신은 임금이 높은 것을 생산하여 삶의 질을 높이려고 하지요. 나는 높은 임금으로 낮은 가격의 물질로 삶을 살면서 즐기고 싶은 것이지요. 3D 업종을 내가 아닌 다름에게 시키고 즐기고 싶은데 3D 업종을 하는 이도 고수익을 올리면서 삶을 즐기고 싶기에 그들도 고수익을 올리는 업종을 하려고 하기에 물질세계 치열함이 가중되지요. 먹고살기가 어느 정도 돼서 삶을 어느 정도 가꿀 수 있고 힘든 일을 안 하는 젊은 세대와 산업 생산력이 높은 곳의 생산력을 유지시켜야 하는 인구의 감소 현상, 치솟는 복지 비용과 즐기고 싶은 세태, 낮은 가격의 물품을 다름에게 생산시키고 나는 높은 가격의 물품을 생산하려는 나만의 화려함만 있는 모순된 구조 등을 보면 물질문명의 종말이 온 것을 알아야 하지요. 나만 있기에 다툼만이 있는 것이지요. 민주주의와는 담쌓고 사는 것이지요. 내 몸뚱이만 챙겨서는 화합하기를 원하는 하늘의 저주를 피할 수 없지요. 그래서 민주주의를 향해 가야 하는데 뻗침, 어려움과 맞서 싸우는 기운은 성으로 치자면 남자이지요. 신은 뻗침에게 근육을 주었지요. 알 수 없는 미지의 길을 가면서 길을 만들고 편안한 휴식처를 건설하고 어떠한 위험에 맞서 싸우기 위해서 강한 근육을 주어서 헤쳐 나가게 했지요. 뭔가를 시도하는 강한 추진력이지요. 개척을 위해서 도전이라는 정신이 의지를 세워 어려움에 굴하지 않고 앞으로 나가야 하지요. 무작정 앞으로 나가기보다는 논리력을 세워서 앞으로 나가면 성공 확률이 높아지겠지요. 개척하는 힘, 논리력으로 무장을 하고 힘 있게 추진을 해야 어려움을 헤쳐 나갈 수 있겠지요. 받음, 어려움과 싸우다 지친 기운을 잘 받아주어 쉬게 해 주는 기운으로 향기를 주었지요. 성으로 따지면 여자이지요. 만들어진 환경에서 재치를 발휘해서 삶을 잘 가꾸려고 하지요. 이 기운은 받아 주는 기운으로 뻗침이 개척해서 만든 환경에서 재치를 발휘해서 잘 가꾸려고 하기에 뻗침은 환경을 잘 만들어야 뻗침의 삶도 편해지는 것이지요. 힘들다고 환경을 거칠게 만들어 놓으면 거칠어진 환경에서 받음은 거칠어진 환경을 받아들이고 그것을 바탕으로 재치를 부리기에 삶은 평안해질 수 없는 것이지요. 뻗침, 어려움에 맞서 싸우다 지친 몸을 끌고 향기 있는 편안한 곳을 찾겠지요. 휴식처, 깨끗하고 쾌적해야 잘 쉴 수 있겠지요. 받음의 정성이 녹아 있는 곳이 휴식처이지요. 자신의 의무를 잊고 딴 곳에 정신을 두었다면 휴식처는 향기가 나지 않겠지요. 그런 휴식처로 돌아오고 싶지 않겠지요. 뻗침은 잘 만들고 받음은 그곳을 향기로 가득 채워야 하겠지요. 그래야 움직임이라는 것을 잘 해서 좀 더 삶을 잘 가꿀 수 있겠지요. 민주주의, 화합하는 기운으로 서로를 이끌어 주어 약자가 있는 곳으로 다가가기는 힘들겠지만 이루면 일상의 규범이 돼서 모두가 함께한다면 경계심도 없어지고 의지가 있어 화려함의 욕구, 나만이 있는 욕구를 억제한 것으로 끊임없는 애씀 중 하나인 화려함의 욕구 하나를 억제한 것으로 삶이 많이 편안해지겠고 같은 기운인 충만한 편안한 기운이 다가와 편안함을 얻을 수 있겠지요. 이것은 먹고살기가 되는 물질의 풍요를 이룬 후의 얘기이지요. 먹고살기가 되는 이제 민주주의를 시도할 때가 된 것이지요. 민주주의도 두 가지 성질이 있지요. 뻗침이 활동하는 사회라는 곳과 받음이 활동하는 가정이라는 곳이 있지요. 사회는 경제가 이루어지고 정치가 이루어지지요. 경제는 욕구를 인정하고 나만 나타내는 사회를 만드는 데 일조했지요. 정치는 개인의 권리를 향상시키면서 약자인 개인의 권리를 갖게 하였지요. 민주주의가 아닌 개인주의를 만들었지만 권력자의 뜻만이 있는 전체주의에서 많이 성숙했지요. 약자라는 개인의 뜻을, 나의 뜻을 이해관계만이 없으면 나타낼 수 있는 자유가 있는 사회를 만들었지요. 자유, 강자의 뜻을 나타내도 되는 사회이지요. 사회 이해관계로 얽혀 있지요. 결국은 강자의 뜻만이 있는 개인주의를 만든 것이지요. 모두가 강자가 되려고 열심이지요. 치열하지요. 나만 있는 곳이기에 믿을 수 있는 사람하나 없기에 패자는 일가족 자살이라는 것을 하는 곳을 만들었지요. 자유라는 인류의 최고 가치를 이룬 곳에서 일어나는 일들이지요. 그래서 약자가 안 되려고 더욱더 치열해지지요. 사회의 영향을 가정이 받지요. 뻗침이 만들어 놓은 것의 영향을 받음이 받지요. 받음, 만들어진 문화를 받아들여서 재치를 부리지요. 뻗침 문화를 잘 만들어야 받음을 잘 쓸 수 있지요. 뻗침이라는 움직임과 받음이라는 쉼이 잘 조화를 이루어야 편안해지는 것이지요. 뻗침, 어려움과 맞서 싸우면서 휴식처를 건설해야 하기에 힘들기에 보다 쉬움을 추구하게 되었고 힘든 함께함은 피하고 쉬운 나만을 나타내는 개인주의를 만들어서 나만이 있는 곳을 만들었지요. 이 영향을 가정에서도 그대로 받아들이겠지요. 사회는 법과 규칙이라는 규범을 지켜야만 살 수 있는 곳이라 이해관계가 대립하지 않는다면 규칙의 뜻에 의해 움직이기에 나만의 뜻을 내세우지 않기에 무분별한 폭력이나 다툼 등을 막을 수 있지요. 태양이 떠 있는 시간대에서는 태양은 활발한 움직임과 나타냄이라는 보이는 것을 주기에 법과 규칙이 보이기에 움직임을 규칙에 맞게 절제를 하면서 움직일 수 있는 것이지요. 사회라는 곳, 태양의 영향권 안에서 이해관계만이 없으면 절제된 삶을 사는 곳이지요. 해가 떨어지는 퇴근 시간이 되면 집에 가고 싶은 마음 때문이기도 하지만 해라는 규칙을 보여 주어 움직임을 절제 있게 해 주는 것이 없어지기에 마음이 초조해지고 서둘러지게 되지요. 절제라는 것이 약해지는 것이지요. 가정, 사회의 영향을 받지요. 나만이라는 치열함이 가정에서도 현실화되는 것이지요. 자녀는 공부를 잘해야 하고 집도 차도 좋아야 하지요. 남편도 빨리 성공을 해야 하지요. 치열함이 가정에까지 전파되기에 편안함은 쉽지 않지요. 가정이라는 쉼의 공간은 달의 영향을 받기에 정신의 영향권 안에 있지요. 오욕칠정의 물질의 기운이 정신이 만든 규칙이라는 것에 의해 제어되기에 절제를 하지만 가정은 규칙이라는 것이 없는 정신인 사랑, 배려 등에 의해서만 제어되지요. 직장에서도 야근 등을 할 때 밤에 출출하기도 하지만 무엇을 먹거나 일 외의 이야기를 한다거나 등의 행위는 해가 사라지면 전등불이 태양과 같이 나타냄을 강렬하게 하지 못하기에 규칙이 잘 안 보이기에 규칙에 없는 행위를 하는 것이지요. 가정은 사회와 같이 규칙이라는 강제력이 없기에 정신만의 제어로 질서를 유지해야 하고 사회의 영향을 받기에 가정도 치열하지요. 문제는 강제력이라는 규칙이 없기에 가정 폭력, 아동 학대와 같은 폭력이 이루어지지요. 가정의 민주주의는 정신력의 제어밖에 없기에 가정에서의 폭력을 막기 위한 규제가 필요한 것이지요. 태양, 강렬하게 나타내는 힘으로 보여 주는 것을 할 수가 있지요. 가정 폭력, 아동 학대 심지어 성폭력도 모든 것이 규칙이라는 것이 필요한 곳이 아닌 규칙이 없는 절제력이 있어야만 나올 수 있는 사랑, 배려 등과 같은 것으로 움직이는 가정과 같은 혼자만의 공간으로 규칙이 없는 밀폐된 공간 또는 어둠과 같이 규칙이 안 보이는 곳에서 이루어지지요. 태양 움직임을 하는 곳에서 혼자서는 안 되기에 무리를 이루는 곳에서 강렬한 나타냄과 움직임을 주어서 정신이 만든 규칙이라는 규제를 보여 주어서 절제를 하게 하지요. 그리고 움직임이라는 힘을 주기에 일에 집중하기에 움직임의 힘이 작동할 때는 엉뚱한 생각을 안 하지요. 나타냄이 약하거나 무력화된 곳에서 규칙을 안 지켜도 되는 곳에서 절제가 무너지기에 해서는 안 될 행동들이 일어나는 것이지요. 특히 성폭력의 경우 여자의 옷차림이 어땠느냐에 초점이 쏠리는데 여자는 이쁘고 향기가 있지요. 옷을 단정히만 입으면 다 이쁘지요. 규칙이 있는 절제가 있는 곳 그리고 움직임이 활발할 때는 엉뚱한 생각을 안 하지요. 절제가 무너지면 오욕칠정이 작동하지요. 규칙이 안 지켜져도 되는 곳, 태양의 힘이 사라져서 움직임의 힘이 사라지면 움직임을 그만하고 편안히 쉬라는 달의 기운인 쉼이라는 규제가 없는 힘이 작동할 때 그래서 편안히 쉴 수 있지요. 쉼의 기운이 작동할 때 몸의 기운이 절제력을 갖추어서 제재가 없어도 절제된 삶을 살 수 있기에 규칙이라는 제어력이 사라져도 엉뚱한 생각을 제어하고 사는데 기운이 절제력을 갖추지 못한 기운은 규칙이 사라진 제재력이 없는 곳에서는 엉뚱한 생각이 들면 제어를 못 하는 것이지요. 민주주의 함께함은 절제력이 사회에 충만할 때 가능하나 가정과 같은 곳은 혼자만의 공간은 모든 이가 절제력을 갖춘 것이 아니라면 사생활을 훼손하지 않는 범위에서 규제를 활성화할 필요가 있겠지요. 가정이 편안해야 하지요. 생활의 유지비가 폭등하기에 여자도 생활 전선에 뛰어들지요. 많은 문제가 생겨나고 있지요. 미투 운동도 있었고 여자도 돈을 버니까 남자한테만 의지하던 삶을 여자도 해결할 수 있으니까 남자한테 의지하던 삶의 구조가 변하고 있지요. 이혼율이 급등하고 있지요. 여자의 권리를 찾는 것은 좋으나 권력 남용이 있는 것은 안 되지요. 여자의 권력 향기를 찾아 뻗침은 모여들지요. 향기는 지친 심신을 쉬게 해 주기에 뻗침은 거부를 못 하지요. 경제력이 없던 시절과 나라는 개인의 권리가 약했던 시기는 나라는 향기가 경제력과 규범이라는 틀에 갇혀서 규범의 틀에 갇혀 있었지요. 전에는 향기를 맡고 몰려왔지만 지금은 그 향기가 여자도 사회생활을 하기에 그 향기가 옆에 있기에 나만을 나타내려는 의지가 약화된 문화에서 기능이라는 나만 잘 나타내면 되는 문화와 어우러지고 즐기려는 세태와 맞물려 의지가 있어야 하는 정조 관념은 어디론가 사라져 버렸지요. 몸이라는 물질의 욕구를 즐기려는 세태, 채울 수 없는 욕구의 늪에 빠져 허우적대고 있지요. 물질의 욕구를 물질로 채우려는 것은 기운이 작기에 끊임없이 애쓰만 하는 늪에 빠져 허우적대는 꼴이지요. 선남선녀가 만나 의리를 지키면서 서로를 존중하고 아껴야 하는 의지가 있어야 나올 수 있는 것을 규범으로 만들었는데 의지가 약화된 문화에서 나만이 있는 문화에서 나만의 쾌락만을 누리려고 나만이 있는 방종을 하고 있지요. 우리가 쌓아 온 규범을 헌신짝 버리듯 버렸지요. 규범, 우리가 지킬 때 제일 행복한 것으로 나만의 삶에 빠져 대안도 없이 규범을 버린 우리가 행복할까요. 급증하는 이혼율, 일 년에 수십만 건씩 행해진다는 유산, 천벌을 받을 짓들을 하고 있지요. 물질은 나타내는 것으로 볼 수 있으므로 가치를 잴 수 있는 기준을 제공해서 가치를 잴 수 있는 척도이기에 쓰이는 가짜이고 허상으로 정신이라는 진짜가 부끄러움을 타는 기운으로 나타냄을 물질을 통해서만 나타내기에 그래서 물질이 필요한 것으로 물질은 나타내는 보이는 것이기에 가치를 잴 수 있는 기준을 제공하기에 쓰이는 것으로 허상이지요. 가짜에 목매며 시간을 낭비하다 하늘의 분노를 사면 안 되지요. 개인주의가 아니고 민주주의를 해야 하늘의 축복, 충만한 기운을 받아 갈구하는 것 없이 행복해지지요. 몸(물질)의 욕구는 끊임없이 갈망만 하는 욕구의 늪에 빠져 괴로움에 헤매다가 지치고 초췌하게 되겠지요. 절제라는 의지를 내어서 욕구를 억제하면 절제의 기운이 생겨서 충만한 기운이 생겨서 편안해지는 것이지요. 의지가 있어야 할 수 있는 함께함이라는 민주주의를 해야 가능한 얘기이지요. 이해관계의 대상에서 서로 이끌어 주는 관계가 되기에 서로를 존중하고 충만한 기운이 오기에 갈구하는 욕구가 사라지지요. 성 문란이 있는 나만이 있는 세계, 욕구에 찌들어 사는 물질세계가 한계에 왔음을 알리는 것이지요. 우리는 민주주의를 향해 가야지, 나만이 있는 개인주의에 머물러서는 하늘의 저주를 피할 수가 없지요. 밖으로 나가는 여자의 오욕칠정을 지켜야 하는 숙제가 남겨졌지요. 남자와 여자는 차이가 있지요. 남자는 사회적 동물이고 여자는 가정적 동물이지요. 원심력이라는 힘이 있지요. 뭔가를 추구하는 힘으로 물질인 몸이 힘들어하는 원인 중 하나이지요. 중력만이 힘듦을 주는 것이 아니지요. 뻗침인 원심력은 정신의 영역으로 도전이라는 것을 해서 삶을 풍요롭게 하려고 하지요. 도전을 해서 아무것도 없는 데서 뭔가를 시도해서 삶에 유익한 것을 만들어 내려고 애쓰지요. 원심력 많은 애씀의 결과물로 기운을 많이 소모하지요. 육체노동만이 기운을 소모하는 것이 아니지요. 정신노동도 많은 기운을 소모하지요. 남자는 사회적 동물로 좋은 틀(사회, 가정)을 세우려고 하나의 틀을 깨기도 하지요. 기존의 나쁜 관습, 규범 등을 깨면서 앞으로 나아가지요. 여자는 받음으로 받아들이는 기운으로 만들어진 틀을 받아들이면서 재치를 발휘하면서 하나의 틀에 향기를 심어 그 틀을 생기 있고 쾌적하게 하려고 애쓰지요. 개척하는 힘은 없고 만들어진 것을 받아들여서 재치를 발휘하는 힘은 있지요. 물질적인 현실적인 힘이지요. 남자는 규칙이 있는 사회라는 곳에서 보다 나음을 위해 애쓰는 나만이 아닌 무리의 뜻을 따라야 하기에 나의 의사와는 상관없는 사회라는 곳을 생각하고 결정을 해야 하는 나만이 아닌 무리를 위한 결정을 해야 하는 함께함이라는 나 살려고 태어나서 영양가 없는 것을 위해 나의 의사를 결정하는 현실성이 없는 이상적인 동물이지만 여자는 내 가정, 내 남

편, 내 자식이라는 나와 관련된 것을 위해서 사는 나의 이
해관계만이 있는 현실적인 동물이지요. 급증하는 유지비
와 노동력 부족으로 인한 여자도 생활 전선에 뛰어드는 물
질세계, 잘못되어도 한참 잘못된 것이지요. 사회와 안 맞
는 여자를 사회로 내몰면 안 되는 것이지요. 여자도 몸이
라는 물질이라는 몸을 갖고 살기에 오욕칠정을 다스려야
하는데 나만이라는 의사결정을 하는 동물에게 사회에서
무리를 위한 결정을 하는 것을 하게 하는 것은 안 되는 것
이지요. 여자를 사회로 내모는 물질세계 한계에 온 것이지
요. 사회생활을 하면서 여자도 자신의 삶을 스스로 지킬
수 있기에 여자의 권리를 향상시키려고 할 것이고 강화된
권리가 권력이 될 수도 있지요. 여자와 남자가 동등한 관
계가 되어야 하겠지요. 여자에게는 향기를 주었지요. 삶을
개척하고 어려움에 맞서 처절한 혈투를 벌이는 것이 아닌
향기로 삶을 잘 유지시키는 것이지요. 뻗침이 애쓰다 지친
몸과 몸을 제어하는 정신, 다시 이를 제어하는 마음도 지
쳐 있겠지요. 힘이 들어서 몸이 힘들어할 때 정신이 몸을
제어하는데 마음에서 나온 기운이기에 마음도 힘이 들기
에 최종 결정권자인 마음도 포기할 수가 있지요. 여자의

향기, 결국에는 남자의 마음을 다스리는 힘이지요. 지친 심신을 잘 다스려서 쉬게 하는 것이지요. 내 남자를 잘 쉬게 해서 잘할 수 있도록 하는 것이 여자의 향기인데 사회에 나가서 이런 재능으로 일을 한다는 것이 안 맞지요. 오욕칠정을 갖고 있는 몸을 갖고 나라는 혼자만의 공간에 어울리는 결정을 하는 가정적인 동물이 밖으로 나가서 어떠한 행위를 한다는 것, 남자는 사회적 동물이기에 어떠한 행위도 마음이 없어도 할 수 있는 동물이 남자인데 여자는 아니지요. 어떠한 행위가 나와 관련이 되는 것이라 그 행위가 밖에서 끝나는 것이 아니고 나와 관련된 행위이기에 밖에서 끝나는 것이 아니기에 애정과 같은 문제로 한 가정이 파탄 날 수 있지요. 밖에서 남자와 같이 행위를 하기에 여자의 권리가 향상되고 남자와 동격이기에 남자와 여자의 차이를 망각한 행위를 하기 시작했지요. 임신 가능한 여자들이 흡연과 술을 거침없이 하면서 향기가 아닌 젊은 악취를 풍기고 밤늦은 시간까지 회식이라는 미명하에 밀폐된 공간에서 남자와 같이 있는 규칙이 약화된 곳에서 절제력 하나밖에 없는 규제의 시간을 보낸다거나 하면서 한 가정을 파탄 낼 일들을 하고 있지요. 민주주의, 나만이 아닌 함께함이지요. 물질세계 여자가 밖으로 나온다는 것은 개척이라는 건설이라는 남자의 영역이 성장을 멈추고 그 만들어진 틀에서 여자의 향기로 그 틀을 잘 가꿔야 하는 상황이 된 것도 있지만 여자가 밖으로 나오는 것, 물질세계 한계에 온 것이지요. 절제만이 의지를 갖고 나만의 이해관계만이 아닌 함께하려는 자세, 상대를 배려하고 이끄는 자세만이 다름을 이해관계의 대상이 아닌 함께해야 할 대상으로 인식하면 나만이 아닌 함께하려면 기운을 많이 쓰기에 그에 따라 좀 더 큰 기운이 들어오기에 부족한 갈구하는 기운을 어느 정도 막아 욕구를 어느 정도 막을 수 있겠지요. 성 문란, 마약 남용, 나만의 쾌락만이 있는 삶, 나만의 이해관계만이 있기에 함께하면서 서로 이끄는 것이 없이 나만의 이해관계만이 있는 점점 애정이 결핍된 사회를 만들겠지요. 욕구의 늪에 빠진 물질세계, 한계에 온 것으로 기운이 작은 물질문명 다음을 찾아야겠지요. 나만이 있는 개인주의까지 왔지요. 나만이 있어도 개인의 권리가 많이 향상되었지요. 함께해야 할 민주주의로 가야 하는데 어찌 되었든 물질세계 많이 발전했지요. 기술이 발달해서 사람의 노동력을 대신할 인공지능과 로봇이 나오고 있지요. 노동, 힘들기에 뇌라는 논리력을 제공하는 힘을 이용해서 노동의 힘듦에서 벗어나면서 물질 부족을 해결하고 화려함을 하고자 하지요. 기술의 발달, 나를 화려하게 나타내는 데는 성공했지요. 하지만 욕구는 채울 수 없는 것이라 끊임없이 작은 기운을 갖고 애쓰고 있지요. 전에는 기술이 발달하면 모든 것이 해결되고 풍족한 삶을 살 수 있을 줄 알았지요. 산업화 과정과 인구의 증가로 자연을 너무 많이 파괴했지요. 우리의 삶의 터전이 붕괴되기 직전이지요. 그러자 화성을 개척해서 삶의 터전을 옮기려는 생각도 있지요. 지구가 왜 만들어지고 우리가 왜 지구에 왔는지 알면 나올 수 없는 생각이지요. 지구는 편안한 기운인 충만한 기운을 만들어서 온 만물에 널리 퍼트리려고 만든 별이지요. 우리 마음대로 왔다가 싫으면 떠날 수 있는 별이 아니지요. 우리에게는 '좋다, 싫다'라는 선택권이 없지요. 지구에서 편안한 기운을 만들어야만 하는 임무를 완수하든지 나태해서 실패하면 버려지는 선택권이 없는 슬픈 존재이지요. 기술이 발전했으니 지구를 떠난다는 그런 생각을 할 수 있다니 하늘의 눈치를 보면서 사는 나 같은 사람은 부럽기만 하네요. 물질의 기술은 하늘이 민주주의로 가기 위해 사람한테 준 고육책이기에 임무를 완수 못 하면 그 대가도 크겠지요. 기술이 발전하면 삶이 풍족해질 줄 알았지요. 먹고사는 것은 해결되었지요. 사람, 의지의 동물로 동물과 같이 먹고 자고 싸고만을 하는 것이 아닌 삶을 가꾸는 살아가는 도리 등을 말하는 존재로 동물과는 다른 형태를 보이고 있지요. 먹고살고 외에 삶을 가꾸는 여가 생활 문화를 만들어 가고 있지요. 문화, 사람과 동물의 차이로 이것이 사람의 가치로 욕구에서 탈출하여 큰 기운인 민주주의로 가서 편안함을 누리면서 영생을 할 수 있는 길인 것이지요. 물질 부족을 해결해서 삶이 몸에 매여 힘들어하는 몸의 욕구를 맞추려고 삶의 도리 등이 무너지기에 물질문명을 주어서 몸을 구한 후에 삶의 도리 등을 추구하려 했는데 건방진 사람이 기술이 발전하자 모든 것을 할 수 있는 줄 알고 있지요. 지금처럼 나만이 있는 상황에서 사람의 노동력을 대신할 수 있는 인공지능과 로봇이 사람의 일자리를 빼앗으면 삶을 가꾸는 것이 후퇴할 수도 있고 인공지능은 의지를 갖춘 의지의 동물이 아니고 기능인이기에 기능, 나만을 잘 나타내면 그만인 것으로 나에게 불리해지는 것을 절대 안 하겠지요. 살다 보면 삶의 도리 등을 지키려면 손해를 보는 경우를 감내하면서 사는 것이 삶인데 기능은 이것이 없다는 것이지요. 의사 수를 늘리겠다는 정부에 맞서 전공의들이 파업을 하고 있지요. 물질, 나를 잘 나타내야 하는데 나의 입지를 위축시킬 의사 수 증원은 받아들일 수 없는 것이지요. 전에 우리는 삶의 수준이 낮아 자신을 가꾸지 못해서 몸에 매여 살아야 하기에 지금보다 사람의 수준이 낮았지요. 현재 나를 가꾸다 보니 사람의 수준이 많이 올라갔지요. 그런데 삶의 문화가 전에는 우리 동네에서는 음식도 나누어 먹고 일이 있으면 서로서로 도와주고 의사 선생님이라며 존칭을 썼던 기억이 있지요. 의사 선생님한테 이런저런 얘기도 했던 것 같은데 생활 수준이 떨어지고 사람의 수준이 떨어져서 그렇지, 삶을 가꾸는 문화는 그렇게 나쁘지 않았던 거 같은데 현재는 삶의 수준이 올라가고 사람의 수준이 올라가고 해서 인권이라는 사람의 권리가 올라가고 해서 좋아진 것 같은데 살아가는 것이 왜 이렇게 힘든지 모르겠네요. 기능, 나만 잘나타내면 그만인 문화가 물질이라는 나를 화려하게 나타내려는 것에 편승해서 나만 잘살면 그만이라는 문화를 만들어서 어려울 때 어디에다 도움을 청할 데 하나 없는 세태를 만들었고 나 외의 다름에게 이해관계에서 약점을 잡히면 큰일 나기에 표정 하나하나까지 신경 쓰면서 살아야 하는 삶이 피곤해지게 하는 것은 아닌지, 의사들 파업을 하지요. 뛰어난 기능을 보유했지요. 나의 일을 누가 대체할 수 없기에 나만 나타낼 수 있는 능력을 갖고 국민의 건강을 지켜야 하는 사명감은 없고 오직 나의 이해관계만이 있지요. 기능인이지요. 현재 살고 있는 거의 대다수가 이런 문화에서 어쩔 수 없이 나의 삶을 지키려고 나의 이해관계에 매달려 있지요. 기능, 물질 생산을 원활하게 하는 기술로 나를 지키고 나타낼 수 있지요. 건강을 외면하면서까지 파업을 하는 의사를 보면 나를 나타내는 문화가 한계에 왔음을 알아야 하겠지요. 나를 나타내는 문화가 나만을 나타내는 문화가 되어 나의 행위에 대한 책임을 지고 내가 하는 일을 사회에 기여하는 자가 나인데 나만이 있기에 사회는 없고 나의 이해관계만이 있어 사회야 어떻게 되든 말든 상관없는 행위를 하고 있지요. 전보다는 사람의 수준이 올라간 게 맞는데 살아가는 도리 등의 행위를 보면 문화가 전보다 못한 것 같은 생각을 지울 수가 없지요. 기술이 발전해서 나를 나타낼 수 있는 환경이 좋아졌으나 살아가는 도리, 외견상으로는 예의가 바르고 하긴 하나 나만이 있는 데서 상대에게 책잡히지 않으려고 애쓰는 행위로 삶이 힘들어지는 문화로 바뀐 모습이기에 나만 있는 이 문화가 기술이 발전해서 기계가 노동력을 대체하는 일이 벌어지면 사람의 삶은 어떻게 될까요. 노동이라는 생산을 하는 것을 개선해서 물질 생산을 원활히 하려고 생산 설비를 개선해서 대량생산을 하였고 대량생산을 하기에 이윤을 남겨서 그 이윤을 여가 생활 등의 개선에 사용하고 해서 서비스산업이 발전하면서 일자리는 줄지 않고 생산과 소비가 원활히 이루어지면서 삶의 질을 상승시킬 수 있었지요. 뇌가 논리력을 제공하고 몸이 노동을 하면서 생산을 원활하게 대량생산을 할 수 있었지요. 그런데 논리력이라는 노동과 몸의 노동을 대신하는 대체물이 나오면 어떻게 되는 걸까요. 뇌는 생각을 하는 것이 아니고 계산을 하지요. 기운이라는 것이 마음을 통해서 몸으로 들어와 몸에 저장이 되지요. 기운, 모든 것에 힘을 실어 주는 거지요. 몸에 들어와서 전류를 만들면 몸에 숨을 불어넣는 생명력이 되고요. 생각도 하지요. 뇌는 전문적인 계산기이지요. 저장할 수 있는 메모리와 계산을 할 수 있는 프로세스로 구성되어 있지요. 몸에 저장된 기운이 일차적으로 센서로부터의 신호를 받으면 생각을 하고 쉬운 것은 생각을 해서 알면 뇌로 보내어 저장을 하지요. 그러면 생각이 되지요. 어려운 것은 뇌의 계산 담당으로 보내어 이렇게 저렇게 계산을 시켜서 결과를 도출해서 저장을 하지요. 그러면 생각이 되지요. 논리력을 제공하는 것은 몸에 저장된 기운이지요. 어찌 되었든 뇌가 계산을 하고 저장을 해서 생각이 되기에 형식적으로 뇌가 논리력을 제공하는 것같이 되지요. 사람은 인공지능의 계산력, 저장력의 상대가 되지 않지요. 그러나 생각하는 창의성이 있지요. 창의성 아무것도 없는 데서 뭔가를 시도해서 유의미한 결과물을 만들어 내는 생각하는 능력이지요. 부지런한 사람이 있고 게으른 사람이 있지요. 부지런한 사람, 하는 일을 이루어 내고 사회에 기여를 하지요. 획기적인 생각을 갖고 있고 부지런하게 열심히 일을 해서 일을 이루어 내지요. 부지런한 사람 기운은 힘듦이 와도 굴하지 않고 열심히 한다는 것이지요. 의지를 내서 힘듦과 맞서 싸운다는 것이지요. 물질인 몸을 갖고 하는 것이기에 편안함을 원하기에 힘듦이 오면 타협을 할 수가 있지요. 부지런한 사람은 힘듦과 맞서 싸우기에 기운을 끌어모아 힘듦을 헤쳐 나가려고 애쓰지요. 이 애쓴 만큼의 기운이 생각으로 바뀌고 초인적인 애씀을 하였다면 초인적인 생각이 돼서 획기적인 생각이 나오고 열심히 해서 일을 성사시키는 것이지요. 몸의 기운을 얼마나 단련을 해서 부지런한 기운으로 바꾸어 놓았으면 그 사람은 일을 이루어 낼 능력을 갖춘 것이지요. 몸의 기운이 부지런하냐 안 하느냐에 따라 생각이 창의적이냐 아니냐가 되기에 사람은 의지를 갖추고 노력을 하면 창의적이 돼서 획기적인 산업을 일으켜서 삶을 유익하게 하겠지요. 이 창의적인 능력은 의지를 갖고 노력하는 이에게만 오는 것이지요. 게으른 사람은 힘듦에 타협을 하기에 힘듦을 이겨 내지 못하기에 성공을 못 하는 것이지요. 인공지능은 계산력과 저장력이 사람보다 뛰어나지만 창의성이 없기에 비슷비슷한 결과물은 만들어 낼 수 있어도 판을 주도하는 획기적인 생각을 할 수가 없고 의지가 없는 머리만 있는 기능인이라 자기가 불리해지는 생각을 안 하지요. 어느 부서를 관리하는 결정권자일 경우 일례로 과거 미소의 냉전 체제일 때 이런 일이 있었지요. 미국이 소련을 공격한다는 경고음이 켜졌지요. 미사일 5기가 날아온다고 경고하고 있었지요. 담당자는 상황을 파악하고 다른 경계 부서에서는 경고음이 울리지 않았고 미사일 5기만으로는 공격을 할 리가 없다고 판단을 하고 자신을 위험에 빠뜨릴 수 있는 결정을 하지요. 상부에 이 일을 보고하지 않은 것이지요. 상부에서는 이 보고를 어떻게 받아들일지 알 수는 없으나 이 담당자는 미소의 핵전쟁을 막으려고 자신을 위험에 빠뜨릴 수 있는 결정을 한 것이지요. 그의 생각은 맞았고 핵전쟁이라는 가공할 만한 일이 일어날 뻔한 일을 담당자, 결정권자는 자신을 위험에 빠뜨릴 수 있다는 것을 알면서도 보고하지 않은 것이지요. 그는 그 후에 체제의 시스템을 믿지 않았다는 것으로 그 자리에서 쫓겨나는 불이익을 받았지요. 그는 의지를 갖고 생각을 해서 결정을 한 것이지요. 의지가 없이 머리만 있는 기능인 인공지능은 환경을 힘들게 하니까 자살을 시도하고 주식투자를 시켰더니 수익을 올리기 힘들자 상대 시스템을 공격하는 등 힘들어지면 그것을 이겨내지 못하고 자기 편한 대로만 행동을 하는 나의 재능만을 나타내면 그만인 기능인과 같은 행동을 하기에 인공지능을 관리자, 결정권자를 시켰을 때 의지가 없어 힘듦을 못이겨 내기에 학습한 비슷비슷한 것은 결과물을 내놓겠지만 의외의 변수가 생기면 의지가 없기에 변수를 해결하지 못하고 자기 존재 이유만을 찾기에 나의 재능만을 나타내면 그만이기에 도덕성, 책임감 등은 없는 자기 편의만을 위해서 행동하기에 잘못된 경우가 있더라도 자기 편의를 위해 도덕성, 책임감 등이 없기에 잘못된 결정을 아무 거리낌 없이 할 것이지요. 인공지능은 결정을 하는 위치에 가면 안 되고 비슷비슷한 것을 대량생산을 할 수 있는 능력이 있기에 사람의 조력자로 일하면 좋겠지요. 민주주의 의지를 갖고 추진할 때 가질 수 있는 것으로 의지 없이 내 행동을 책임 못 지는 행위로는 다가갈 수 없지요. 인공지능을 탑재한 로봇이 실용화되면 많은 일자리, 그중에서 반복 학습을 통해 이루어지는 일정한 패턴(비슷비슷한 것)을 갖고 있는 일자리는 없어지겠지요. 창의성이 필요한 곳과 결정을 할 수 있는 관리자는 의지력이 뒷받침되어 생각을 할 수 있는 사람의 영역이지요. 노가다로 불리는 3D 업종은 내가 보조를 해 보아서 아는데 어려운 공사가 많이 있지요. 좁은 공간에서 옆 구조물을 건드리지 않고 잘라 내고 구멍 뚫고 배관, 배선을 구부리고 하는 것은 굉장히 어려운 일이지요. 작업자의 초인적인 노력이 없이는 안 되는 일로 의지도 없고 정교함에서 섬세한 사람과 같은 감각이 없는 인공지능을 탑재한 로봇이 할 수 없을 것 같네요. 인공지능을 탑재한 로봇이 일정한 패턴을 갖고 있는 업종은 (비슷비슷한 일) 대체할 것으로 보이고 창의성을 필요로 하는 전문직은 인공지능을 보조원으로 채용하면 생산의 효율성을 높일 수 있겠지요. 결정을 해야 하는 관리직은 나만의 이해관계를 갖고 있는 나만을 나타내면 그만인 사람이 하면 안 되겠지요. 결정은 공정하고 정확해야 하겠지요. 나만을 나타내는 기능인은 자기 업무를 나타내는 것을 잘하겠지요. 나를 잘 나타내서 성과를 내면 그에 대한 대가를 받아 갈 수 있기에 담당한 것은 열심히 하겠지요. 하지만 관리라는 결정은 거기에 따른 이해관계가 많이 걸려 있지요. 결정을 잘못했을 때 그에 따른 책임을 져야 하고 성과가 안 나오면 책임을 져야 하고 도덕적인 일들과 결정을 할 때 거기에 딸린 이해관계 때문에 공정한 결정을 안 하고 나만의 이해관계에 매일 수도 있어 그 팀에 손해를 줄 수도 있지요. 관리는 기능인이 하면 안 되는 업종이지요. 나의 행동에 책임을 질 수 있는 자유라는 나의 행동이 어떤 강압적인 권력에서 벗어나려고 노력하고 약함을 무시하지 않으려고 노력하고 나의 결정이 소속된 그곳에 기여를 하게 하려고 애쓰는 자유인이 관리를 맡아야 하겠지요. 우리는 물질세계에서 나를 잘 나타내야 살 수 있기에 그것을 제일 잘할 수 있는 기능을 우대하고 있지요. 물질세계, 힘들고 나를 나타내야 하는 경쟁을 하여야 하기에 논리력이 제공하는 것을 채용하면 생산을 잘할 수 있기에 똑똑함을 최고로 치지요. 물질세계, 똑똑해야 살 수 있지요. 그중 나만 잘 나타내면 그만인 기능이 잘 먹고 나를 화려하게 나타낼 수 있으니까 최고로 치지요. 돈 잘 벌고 오래 할 수 있는 의사가 인기가 최고이지요. 문제는 나만이 있으니까 모여 사는 데서 나만을 강조하니까 자유가 나의 행동이 누구에게서도 구속받지 않고 살 수 있는 것은 좋으나 이해관계에서 나만이 있는 강자만이 있는 사회를 만들어서 함께함, 서로 이끌어 주고 존중하고가 없는 나만이 있는 개인주의를 만들었지요. 자유가 강자만이 있는 사회를 만들어서 민주주의, 서로 이끌어 주어서 약자가 있는 곳이 아닌 곳이 되었지요. 빈익빈 부익부가 대표적이지요. 부자가 위험을 무릅쓰고 투자를 해서 그 대가를 받는 것은 정당한 것이나 하늘의 뜻, 편안한 기운을 얻으려면 약자를 이끌어 주어야만 하는 것이지요. 먹고는 살지만 사람이 동물처럼 먹고 자고 하는 존재가 아니고 삶을 가꾸려고 애쓰는 존재이기에 삶을 가꾸는 데 너무 힘이 들면 불협화음이 날 수밖에 없기에 다툼이 날 수밖에 없기에 서로 다투다가 감정의 골이 깊어지면 진짜 힘들어지는 것이지요. 하늘의 뜻을 떠나서 민주주의를 하여야 삶이 편안해지는 것이지요. 물질세계, 똑똑함을 최고로 치고 그것을 잘 수행해 내는 기능을 최고로 치고 있지요. 기능인 나만 잘 나타내면 되는 것으로 자신에게 불리한 나를 잘 나타내지 못하는 것은 안 하려고 하겠지요. 자신을 위험에 빠뜨릴 행위를 안 하겠지요. 그것이 똑똑함이 된 지금, 자신이 기능적으로 나타내야 할 것은 잘 나타내겠지만 직접적인 이해관계 대상이 아닌 것은 잘해 봐야 이해관계가 적은 것은 열심히 안 하겠지요. 모든 것이 나와의 이해관계 대상이기에 영양가 없는 약자와의 관계는 어떻게 될까요. 패자인 일가족이 자살하는 현 상황, 나는 그렇게 안 되려고 나만의 이해관계에 더욱더 열심히 하겠지요. 점점 치열해지겠지요. 이 상황에서 기계가 노동력을 대체하면 일자리 잃은 사람들은 정부에서 주는 보조금으로 근근이 살아가겠지요. 내 몸

추스르기 바쁜 형편에서 함께함은 물 건너가는 것으로 기계가 노동력을 대체하는 것은 물질문명이 한계에 온 지금, 인공지능이 나오는 것은 힘든 노동은 기계가 하고 사람은 함께하면서 서로 돕고 살라는 신호이지요. 물질문명을 줄 때는 먹고살기가 되고 나를 가꿀 수 있는 수준까지면 함께함이라는 것을 할 수 있다고 보았고 그래서 물질문명을 주었지요. 기계가 노동력을 대체하려고 하는 지금, 물질의 풍요가 있는 지금, 최고의 복지, 서로 이끌어 주는 민주주의를 할 때가 온 것을 알려 주는 것이지요. 나를 끝없이 화려하게 가꾸려고 다름은 없는 행위를 하는 것을 보려고 한 것이 아니지요. 나만의 욕구가 있는 개인주의를 지양하고 민주주의로 갈 때가 된 것이지요. 욕구, 나를 표현하는 것으로 함께함을 하면 내가 원하는 편안함에 갈 수 있으면 함께함에 욕구를 쏟아붓겠지요. 나만이 있는 기능인 문화, 유복한 환경에서 자란 젊은 세대는 물질 힘들기에 보다 쉬움을 찾고 먹고살 만하기에 이제는 즐기려고 하기에 힘든 일은 안 하고 즐기려고 하지요. 애도 안 낳고 의지도 없이 물질적 쾌락, 성욕이나 즐기고 여자도 산업 현장에 투입되는 현실이지요. 물질세계 성장에 한계가 왔고 먹고살 만하기에 초기의 의지를 잃어버리고 물질의 욕구를 뿌리치지 못하고 죄를 짓는 성적인 탐닉에 빠져 끝없이 욕구나 갈망하고 있지요. 그래서 먹고살 만한 산업 생산성이 높은 곳은 인구가 줄고 있지요. 이것은 물질문명의 성장이 한계에 왔고 먹고살기가 되는 물질문명이 의지를 내서 앞으로 가야 할 문화가 아니라는 것이지요. 일부 성장을 하는 업종은 있지요. 재미나게 놀 수 있는 게임 산업과 노동력을 대체할 인공지능과 로봇 산업, 환경오염을 막을 수 있는 전기 차나 재생에너지 산업 등이 있지요. 이 분야만 성장하고 임금을 끌어올리지만 그 외의 분야는 정체되고 임금을 끌어올리지 못하고 있지요. 대다수의 산업이 성장이 정체되었다는 것이지요. 나를 화려하게 나타내야 하는데 산업이 정체되었기에 임금은 안 오르고 화려하게 나타내려는 삶의 욕구를 맞추려고 풀린 돈 때문에 물가는 올라가고 물질세계는 서서히 삶의 질이 떨어지기 시작하지요. 물질문명의 역할이 한계에 온 것을 알고 물질문명 다음 함께함을할 수 있는 정신문명을 향하여 가야 할 때이지요. 정신문명, 진아로 진짜로 우리가 살아가야 할 삶이지요. 기운이 크고 나를 나타내는 것을 부끄러워해서 물질을 통해서 나타냄을 하지요. 그래서 가짜인 물질이 쓰이는 것이지요. 우리가 애써서 건설한 물질문명, 가짜로 이것을 통해서 정신이 힘들어하는 물질을 제어하면서 물질의 나타내는 힘을 통해 얼마나 정신을 구현해 냈는지 보려는 게 목적이지, 물질문명 자체는 아무 의미가 없는 것이지요. 하늘, 서로 이끌어 주는 함께하는 것을 보려고 하는 것이지요. 혼돈의 시대, 기운이 성숙하지 못해서 기운이 충만하지 못해서 각자의 가치관(정신)에 매여 다툼과 불협화음에 빠져 편안함을 누리지 못하기에 낙원인 에덴동산에 살고 있던 아담 이브 그리고 그 일행들을 지구라는 별로 보내서 각 별에서 차출되거나 자원한 이들과 함께 몸을 갖고 성숙한 기운을 만들려고 애씀을 하고 있지요. 에덴동산의 가치관(정신)인 이끎, 도전, 배려, 양보 등으로 가치관을 세웠지만 각 별의 가치관인 무력, 술수, 애정 등이 필요악으로 쓰이고 있지요. 몸의 기운인 오욕칠정이 있기에 정신의 가치관이 오욕칠정을 제어를 하여야 하는 데 어려움이 있지요. 의지를 갖고 행위를 제어하는 절제력을 기본으로 하는 마음은 절제 오욕칠정을 이겨 내고, 즉 힘듦을 이겨 내고 정신의 뜻을 세우는 바름을 세우는 힘으로 몸이라는 힘듦을 잉태한 것으로 오욕칠정까지 이겨 내면서 정신의 뜻을 세워야 성숙한 기운이 만들어지기에 그때 편안한 충만한 기운을 받을 수 있지요. 절제는 힘듦을 이겨 내고 바름을 세워야 하는 것이지요. 힘든 몸을 갖고 정신의 가치관을 때로는 필요악인 다른 가치관을 사용하면서 나타내기도 하는데 정신인 이끎은 물질인 나를 나타내는 힘으로 나타난 것이기에, 즉 나 살려고 태어나서 나 아닌 영양가 없이 함께함을 위해서 혼자서는 안 되어서 모여 사는 곳이기에 다름과의 화합을 위해서 나만을 내려놓고 모두가 함께할 뜻을 세워서 나아가는 힘이지요. 도전은 삶을 유익하게 하기 위해서 힘듦에 굴하지 않고 나아가서 유익함을 만들어 내는 힘이지요. 배려는 다름의 어려움을 헤아려서 함께하려는 힘이지요. 양보는 나의 이익을 다름에게 나누어 줘서 어려움을 함께 헤쳐 나가려는 힘이지요. 사랑, 자비와 같은 뜻이지요. 혼돈의 기운을 성숙한 기운으로 바꾸어야 하는데 에덴동산의 기운인 이끎, 도전, 배려, 양보 등을 널리 퍼트려야 하는데 각각의 별의 정신도 무력, 술수, 애정 등 각각의 뜻이 물질세계를 살아가려면 필요악이지만 필요할 때가 있지요. 각각의 별의 뜻, 똑똑해야 나타낼 수 있는 것으로 많은 애씀을 해야 하지요. 혼돈의 시대는 똑똑해야 나타낼 수 있지요. '미개한'이라는 말이 있지요. 도덕적으로 타락해서 살아가는 도리가 엉망인 것을 말하죠. 결코 미개한 이들이 똑똑하지 않은 것이 아니지요. 사기꾼들은 똑똑해야 할 수 있는 것이지요. 남의 두 눈에서 피눈물 흘리게 하는 행위는 똑똑한 이들도 잘하지요. 자본주의, 많은 이윤을 남겨야 내가 화려함을 할 수 있기에 똑똑함을 이용해서 폭리를 취하려고 하지요. 대표적으로 요즘 부동산값이 폭등을 했지요. 저금리의 돈이 풀리자 이 돈으로 내 삶의 안식처가 되는 집을 사려고 사람들이 몰리자 부동산 시행 업체나 투자 목적으로 부동산을 많이 갖고 있던 사람들이 부동산값을 크게 올려서 판매를 했지요. 은행에 빚을 지고 비싼 가격에 집을 구매해야 했지요. 소수의 투자자의 잇속 때문에 부동산값이 크게 올라갔지요. 실거래자끼리의 거래에서는 폭리가 없는데 투자자들이 집값을 크게 올려서 부동산값을 크게 올려놓았다지요. 문제는 기존의 소유자들은 좋겠지만 젊은이들은 결혼을 해서 시작을 할 집값이 크게 뛰어서 시작을 할 수가 없게 된 것이지요. 장년의 기득권자는 물질로 성공을 했지만 젊은 층은 현실의 벽에 좌절을 해야겠지요. 나는 좋지만 다름은 피해를 보는 모순된 구조가 연출되어 세대 간 갈등이 시작될 수도 있지요. 집값이 비싸 결혼도 못 하고 기능이라는 나만이 있는 풍토에서 즐기려는 흐름과 맞물려 나를 나타내는 물질의 욕구, 오욕칠정을 탐닉하게 되었지요. 성 문란, 마약 남용 등의 사회적 문제를 낳고 있지요. 임신중절을 일 년에 수십만 건이나 하는 천벌을 받을 짓들을 하고 있지요. 물질의 욕구는 채울 수가 없기에 끝없이 탐닉하다 초췌해지겠지요. 똑똑해야 하는 현실, 나를 화려하게 나타내야만 하는 물질세계에서 벌어지는 미개한 일들 중 일부이지요. 미개한 행위가 똑똑한 물질세계에서 벌어지고 나의 잇속과 관계없으니 수수방관하고도 있지요. 나의 이해관계만이 있는 물질세계이지요. 기존의 삶의 도리가 나만의 즐거움에 갇혀 무너지고 있지요. 나라는 개성을 인정하기에 나만의 즐거움이 허용되는 긍정적인 측면도 있지만 의지가 약화된 나만이 있는 것으로 점점 흐르고 있지요. 우리는 똑똑함을 위해 애씀을 하고 있지요. 즐기려는 문화, 나쁜 것은 아니나 물질세계에서는 가질 수 없는 것이지요. 물질 기운이 작고 나를 화려하게 나타내려고 하기에 끊임없이 애씀을 해야 하기에 물질세계에서는 편안함을 가질 수 없는 것이지요. 성적인 욕구를 즐기겠다고 이 품, 저 품이나 떠돌면서 서로 나만의 이해관계만이 있기에 애정 결핍으로 더욱 공허해지지요. 물질의 욕구는 기운이 작기에 소모되기에 채울 수 없기에 갈증만이 생기는 욕구의 늪에 빠지게 되지요. 절제 의지를 갖고 애씀을 해서 욕구를 물리치려고 할 때 애쓴 기운만큼의 절제된 기운이 들어와서 큰 기운이 들어와서 욕구를 채워 주기에 편안해지는 것이지요. 절제를 해야 나타낼 수 있는 큰 기운인 정신은 나만이 아닌 함께함을 생각하기에 나만을 나타내는 데 쓰는 기운보다 더 많은 기운을 쓰기에 그런 사람은 몸에서 충만한 생명력을 나타내는 빛이 나겠지요. 함께함, 생명력을 편안하게 하려고 애쓰는 것으로 나만을 나타내는 데 보다 더 많은 기운을 써야 할 수 있는 것으로 생명력을 주는 빛은 생명력을 편안하게 살려 보려고 애쓰는 기운으로 이 기운과 같기에 함께함을 하려고 애쓰는 사람과 같은 기운이기에 그 사람한테 빛이 들어와 그 사람 몸에서 빛이 나는 것이지요. 이 사람은 함께함이라는 것을 할 수 있는 면허를 딴 것으로 나타냄을 할 수 있는 몸을 갖고 함께함의 기운인 정신인 이끎, 도전, 배려, 양보가 있는 곳에서 살 수 있는 것이지요. 그 사람은 면허를 딴 것이기에 하늘이 민주주의를 심판하는 날, 하늘의 허락하에 물질세계에서 벗어나서 독립적으로 살 수 있는 사람이지요. 현 물질문명 (물질세계)이 민주주의가 아닌 개인주의로 보이는 것들은 물질이라는 나를 나타내는 기운의 범주를 못 벗어나고 있기 때문이지요. 물질의 풍요는 가졌으나 물질이 기운이 작기에 소모되고 그래서 채워야 하고 나를 화려하게 나타내려는 욕구 때문에 끊임없이 애씀을 해야 하는 기운이기에 이것을 수월하게 할 수 있는 기능을 채택하여 나만을 나타내면 그만인 문화이지요. 약자가 어떻게 되든 말든 신경 안 쓰는 것이지요. 나 어렸을 적에는 마을 사람들이 누구네는 어떻고 하면서 걱정을 해 주었던 것 같은데 지금의 문화는 사람의 성숙도는 성숙했으나 문화가 전보다는 못한 것 같지요. 물질 보다 쉬움을 추구하기에 기능이라는 나를 잘 나타내서 나를 화려하게 나타내기만 하는 문화라 약자가 없지요. 개인의 권리가 향상되었지만 나만이 있는 문화에서 모든 규범이 대안도 없이 파괴되고 있지요. 물질문명, 먹고살고 내 삶을 어느 정도 가꾸는 데까지만 허용

된 기운이기에 그것이 해결된 물질문명이 정체되었기에 나를 점점 화려하게 나타내는 데는 어려움이 생기겠지요. 정체되었고 의지가 약화되기에 삶의 질이 서서히 떨어지겠지요. 나를 가꾸려고 약자인 개인의 권리를 향상시킨 지금 의지가 약화되면서 나만의 권리로 바뀌어서 나만의 규범이 있기에 나만의 즐거움을 누리려고 물질의 욕구를 떨쳐 내지 못하고 성 문란과 그로 인한 임신중절과 마약 남용 같은 죄악을 쌓고 있지요. 몸은 정신의 뜻을 잘 나타내서 함께함이라는 민주주의를 건설하라고 주어진 것이지, 나만의 이해관계에 매여 나만의 쾌락만을 즐기라고 준 것이 아니지요. 권력자의 뜻만이 있는 전체주의에서 약자의 뜻도 있는 것 같은 개인주의까지 왔지만 이해관계에서 나만이 있기에 강자만이 있기에 강자만이 있는 문화를 만들었지요. 하늘, 내가 겪어 보고 지나온 과거를 보았을 때 피도 눈물도 없지요. 서로 이끌어 주어서 편안함이 있는 민주주의를 만들기 위해서는 어떠한 행위를 하는 데 주저하지 않겠지요. 사람 많이 성숙했지요. 아직까지는 합격선 안에 있지요. 하늘이 화가 나기 시작했지, 꼭지까지 돌지는 않았지요. 어떻게든 개인주의를 민주주의로 만들어야 하늘이 민주주의의 척도를 심판할 때 살아남을 수 있지요. 물질세계, 내가 보았을 때 정점을 찍었지요. 보다 쉬움을 추구하는 물질, 먹고살 만하고 삶을 어느 정도 가꿀 수 있고 그래서 유복한 환경에서 자란 젊은이는 힘든 일을 안 하고 보다 쉬움이라는 즐기고 싶은 것 때문에 생활 유지가 힘든 점도 있고 해서 결혼도 안 하고 즐기려는 세태로 성 문란과 임신중절의 범람, 마약 남용 등의 세태까지 그리고 유지비 급증으로 인한 여자까지 취업 전선으로 내몰리는 현상 등은 물질문명이 더 이상 인류의 발전에 기여를 못 하는 문화라는 것이지요. 물질 다음을 찾아야 하겠지요. 몸 편안함을 원하지요. 그런데 제멋대로 살지 않고 짜인 규범에 맞추어 살려고 애쓰지요. 몸이라는 물질을 제어하는 힘, 정신이 있지요. 에덴동산의 정신과 현실에서 때때로 필요한 각각의 별에서 갖고 온 정신이 있지요. 서로 나 잘났다고 하지요. 전사의 별에서 온 이는 무력을 선호하겠고 미인의 별에서 온 미인은 애정을 선호하겠지요. 각각의 기술을 갖고 온 기술자들은 기술을 선호하겠지요. 혼돈의 시대로 성숙하지 못하기에 싸움도 하고 애정 행각도 하고 원자폭탄도 만들고 하겠지요. 원자폭탄 얘기가 나와서 하는 말인데 물질을 통해서 나오는 정신의 기운인 빛의 기운이 엄청 크지요. 이 기운, 정신의 기운으로 폭탄을 만들었지요. 왜 이 기운을 우리의 삶에 쓰지 못하고 기운이 작은 물질의 기운에 매여 끝없이 애씀만을 해야 하는지 모르겠네요. 정신 물질을 통해서만 나타냄을 하기에 진아이면서도 가아인 물질을 쓰기에 사람들이 물질을 신줏단지 모시듯 하지요. 물질을 통해서 무엇을 나타내느냐가 하늘의 심판을 받을 때 심판받는 척도이지요. 물질문명이 한계에 왔다는 것은 물질로 무엇을 만들었냐를 평가받는 날이 가까이 왔다는 뜻이지요. 하늘, 민주주의를 원하지요. 개인주의 가지고는 하늘의 심판에 불합격이겠지요. 아직은 조금의 시간이 남아 있는 것 같지요. 물질문명에서 정신이라는 민주주의로 바로 가기에는 시간이 조금 걸릴 거라는 것이지요. 많이 주지는 않겠지요. 아랑곳하지 않고 거침없이 삶의 터전(자연)을 파괴하는 나만이 있는 사람한테 화가 났겠지요. 이제부터는 나타내는 힘인 물질인 몸으로 정신 문명을 나타내야 하늘의 심판에서 살아남을 수 있겠지요. 정신, 쉽게 얘기하면 영혼이지요. 우리의 진짜 모습이지요. 하늘은 기운이 크고 영원하고 편안한 에덴동산의 정신인 이끎, 배려 등으로 나타냄을 원하고 있지요. 각 별에서 온 정신(영혼)은 현실에서 필요는 하나 많은 폐단을 갖고 있지요. 그런데 몸을 갖고 사는데 오욕칠정을 갖고 있는 몸으로 에덴동산의 정신을 나타냄을 하기 너무 힘이 들지요. 함께함은 물질의 기운인 나를 나타내는 것을 위해 기능이라는 나만을 나타내는 것을 억제해야 하는데 몸을 갖고 있기에 욕구를 억제하기가 너무 힘이 들지요. 그런데 나는 즐거움을 갖고 싶은 것이기에 나만을 나타내서는 힘들어지기에 기운이 작아서 욕구에 시달리기에 함께함, 서로를 이끌어 주면 큰 기운인 정신을 몸으로 나타내기에 편안해지기에 나는 즐거움에 다가서기 위해서 함께함이라는 것을 해야만 하지요. 현재 개인의 권리 향상으로 이해관계가 없으면 부족한 물질의 기운 때문에 힘들어서 그렇지, 강자한테 시달리지 않는 나라는 것에 많이 접근한 상태이지요. 나를 어느 정도 갖고 있기에 이해관계를 해결할 수 있는 부족한 물질의 기운을 충만한 에덴동산의 정신의 기운으로 함께함을 하는 기운으로 바꾸기만 하면 즐거운 나를 가질 수 있지요. 개인적으로 수련하다 경험한 거지만 에덴동산의 정신의 기운은 너무너무 편안하고 힘이 넘치고 즐겁지요. 더 이상 바랄 게 없지요. 물질인 몸의 오욕칠정은 번뇌만을 주는 하찮은 기운일 뿐이지요. 나는 오욕칠정에서 벗어나서 편안함을 갖는 게 나이지요. 몸을 갖고도 편안함을 가질 수 있고 몸(물질)이라는 나타내는 힘까지 가질 수 있기에 우리는 물질이라는 몸으로 나타낸 에덴동산의 정신의 기운을 꼭 가져야만 하지요. 하늘은 함께함이라는 편안한 기운을 퍼트리려고 몸을 주었는데 불행히도 몸의 욕구에 매인 사람은 힘들어하고 있지요. 생각을 하지요. 이 어려운 현실을 어떻게 풀어 나가야 하늘을 만족시키고 몸을 구할 수 있는지 노동에 힘들어하던 사람은 기계화라는 것으로 극단적인 힘듦에서 벗어났지요. 힘듦을 생각으로 풀어 나가려고 끊임없이 생각을 하지요. 인공지능을 탑재한 로봇을 현실화시키려고 노력하지요. 생각하는 동물이 사람이지요. 그런데 실수를 하고 말았지요. 편안함은 생각이 아닌 절제, 마음을 다스려야 가질 수 있음을 망각한 것이지요. 똑똑하면 기능인도 괜찮다고 양성해서 나만이 있는 세상을 만들었지요. 나만이 있으니까 애정 결핍, 나만의 이해관계만이 있어 힘들어진 사람이 의지를 상실하고 나만의 쾌락에 빠져 사회를 가꾸려는 것을 안 하고 나만의 세상에 빠져서 정체된 문명에서 나만의 욕구를 분출하고 있지요. 지켜야 할 도덕도 나의 이해관계에서 바라보기에 나를 나타내기만 하면 되는 획일화된 사고를 보여주고 있지요. 지역주의, 진영 논리, 의사당 난입 등으로 나타냄을 하고 있지요. 물질에 매인 나는 결코 편안함을 갖지 못하지요. 지구라는 물질을 갖고 정신을 나타내는 별, 힘들지요. 하늘의 뜻을 수행하기 위해 각 별에서 차출되거나 지원해서 와서 몸이라는 편안함을 원하는 것을 갖고 현재까지는 열심히 해 왔으나 물질문명의 한계에 와서 다음 단계로 도약을 해야 하는데 쉽지 않지요. 에덴동산의 정신인 큰 기운으로 편안함을 퍼트리려는 하늘, 몸을 갖고 이를 수행하는 사람 너무 힘들지요. 나를 나타내야 하는 몸의 욕구를 절제를 해서 정신을 나타내서 함께함이라는 것을 해야 하는데 우리는 모여 살지요. 서로를 위해 힘을 모아서 일을 해 보면 어떨까요. 나만을 나타내다 힘을 모았는데 결과가 좋으면 나만을 나타내다 치열해지는 지금의 삶을 바꾸어서 화목하게 살 수 있다면 그것을 거부할 이유가 없겠지요. 사람은 분위기에 맞추어 살지요. 그래서 사회의 분위기를 잘 가꾸어야 하지요. 지금까지는 물질을 확

보해서 삶을 어느 정도 가꾸려고 해서 기능인을 양성했다면 지금부터는 물질의 풍요를 이루어서 삶을 어느 정도 가꾸는 지금 함께함을 하는 획기적인 삶을 도입할 때가 된 것이지요. 비슷비슷한 반복 학습으로는 산업을 주도를 못하기에 획기적인 문화를 도입하는, 그래서 획기적인 생각을 한다면 그래서 산업을 구축하면 산업을 주도하여 뽐내면서 살 수 있겠지요. 그러나 이것이 목적이 아니기에 함께함이라는 민주주의 건설이 목적이기에 우리가 서로를 이끌 수 있는 사회 분위기를 만드는 것이 주목적이지요. 힘을 나만이 아닌 우리를 위해서 썼더니 삶이 좋아지는 것을 해야겠지요. 나의 화려함을 위해 산업이 정체되자 억지로 부동산을 끌어올려서 산업을 활성화시키려다 많은 빚을 졌지요. 빚이 많지요. 그래서 소비가 잘 안되어서 산업이 더욱더 정체 상태이지요. 우리는 은행에서 빚을 내서 산업 생태계를 구축하였지요. 은행이 망하면 산업도 같이 망하는 것이지요. 이제는 이 구도가 한번은 바뀌어야 할 때가 온 것이지요. 정부 주도하에 하이퍼 인플레이션을 일으켜서 개인, 정부, 공기업, 기업 등의 빚을(개인과 개인 간의 빚은 제외) 탕감하는 것이지요. 온 국민이 참여하여 초인플레이션을 견뎌 내야 하겠지요. 내 생각으로는 한 달 내에 끝내야 하겠지요. 그리고 빚이 없는 사람은 내가 왜 이 일을 해야 하나 하지 말고 함께함이라는 민주주의를 향해 가는 여정이라고 생각하고 참여하여야겠지요. 그리고 현금은 잠시 현물로 바꾸어 갖고 있어야겠지요. 초인플레이션으로 빚을 청산하면 정부는 이자로 나가던 것을 복지 자금으로 돌릴 수 있고 개인은 은행에 주던 이자로 소비를 할 수 있어 산업이 잘 돌아가겠지요. 함께함을 위해 서로를 이끌었더니 좋아지는 것이지요. 은행은 국가적 차원에서 구조조정을 해야겠지요. 나만이 아닌 서로를 이끌려고 힘을 합쳤더니 삶이 좋아지는 것이지요. 불안, 초조를 이겨 내고 함께함을 위해 기운을 쓴 것이지요. 그랬더니 좋아지더라, 거기서 더 노력을 해서 사회 안전망을 확충하면 개인의 삶이 불안해서 치열해지는 것을 막을 수 있겠지요. 물질문명이 한계에 왔고 물질로는 더 이상 나를 화려하게 나타내려는 것을 충족할 수 없기에 문화를 바꾸어서 한 달간만 욕구를 억제해서 절제력을 갖추면 삶이 풍요로워지지요. 한 달간만 서로를 이끌었더니 벌어지는 풍요이지요. 좀 더 서로를 이끌면 그러면 사회 안전망을 구축할 수 있겠지요. 치열함을 막을 수 있지요. 서로를 믿을 수 있기 때문이지요. 나를 화려하게 나타내려고 애쓰는 이유도 편안함 때문인데 서로를 이끌어 주니까 편안해지더라, 그러면 도덕적인 정부 주도하에 서로를 이끌어 주는 사회 안전망을 확충하려고 노력하고 가정이라는 규칙이 적용되지 않는 사각지대가 있기에 폭력에 노출된 곳을 동네의 뜻있는 분들이 가정을 방문해서 잘 살펴 주고 소외 가정을 잘 보살펴 주고 하면서 소외된 이가 없게 사회의 일원으로 끌어들이는 노력을 하고 사회가 서로를 이끌어 주려는 분위기를 만들어 가면서 나만이 아닌 함께함을 실천한다면 현재의 이기적인 문화에서 벗어날 수 있겠지요. 사회에서 나만을 나타내려고 앞만 보고 가는 지금, 강렬하게 나만을 나타나려고 뿜어내는, 그래서 나만을 보는 지금 태양의 영향권에 있기에 강렬하게 뿜어내다가 같은 기운인 열기를 불러와서 다 타겠지요. 그렇게 되기 전에 주변을 둘러보고 나만을 뿜어내는 것을 절제해서 주변을 볼 수 있는 밝음을 만들어야겠지요. 달 정신의 기운으로 환해서 모든 것을 볼 수 있어서 모두가 열심히 사는 의지의 사람이라는 것을 알고 그래서 서로서로 힘을 합쳐서 갈 수 있는 존재라는 것을 알고 함께할 수 있는 힘을 주는 힘이지요. 보름달, 환해서 모든 것을 비추어 주어 함께할 수 있는 존재라는 것을 알게 해 주는 힘이지요. 보름달 충만한 기운으로 우리를 편안한 기운 속에서(안 먹고 안 아프고) 영생을 누리게 할 수 있는 기운으로 우리는 보름달과 같이 주변을 볼 수 있는 밝음이 되어야 하겠지요. 서로를 이끌어서 약자가 있는 함께함이 있는 민주주의를 건설하면 충만한 기운인 달의 정신의 기운이 우리한테 다가와서 안 먹고 안 아프고 영생을 누릴 수 있지요. 이 기운은 마음과 마음으로 편안한 기운이 오기에 삶을 편안하게 하지요. 물질, 나타내는 힘으로 에덴동산의 정신인 함께함, 민주주의를 나타내야만 충만한 기운이 우리에게 다가와 영생을 편안함 속에서 누릴 수 있겠지요. 즐거운 나가 나이지요. 힘들지만 나를 어느 정도 갖고 있는 지금 모여 살기에 함께함을 해야 즐거움을 가질 수 있기에 강자만이 있어 치열한 개인주의에서 함께함을 해서 서로가 믿음을 가질 수 있는 민주주의로 가야 큰 정신의 기운을 가질 수 있어 즐거운 나를 가질 수 있지요. 분명히 말하지만, 물질문명 정체되었고 쇠퇴하다 심판을 받겠지요. 그 전에 민주주의를 건설해야 하겠지요. 나를 갖기 위해서는 불행히도 모여 살기에 함께함을 해서 나만을 위해 사는 것보다 많은 기운을 써야 하지만 절제라는 것을 하면(길어야 한 달 정도이지만) 충만한 기운이 우리의 마음으로 들어오기에 즐거운 나를 가질 수 있지요. 한 달 정도 서로를 이끌었더니 좋아지더라, 확인하면 욕구가 충족되기에 그다음부터는 욕구를 함께함에 쏟아붓기에 힘들게 절제를 안 해도 되는 것이지요. 즐거운 나를 가지려면 개인주의에서 민주주의로 가야만 하기에 우리가 배워온 가치를 실현하는 것이기에 정당성도 갖고 있기에 한 달간만 서로를 이끄는 것을 하면 민주주의에 다가갈 수 있어서 그다음부터는 쉽기에 힘들지 않고 갈 수 있기에 충만한 기운에 다가가기에 힘든 나가 아닌 즐거운 나가 되는 것이지요. 우리를 볼 수 있는 밝음을 만들어야 하지요. 태양, 나를 강렬하게 뿜어내기에 주변을 볼 수가 없지요. 보름달같이 환한 밝음을 만드는 것은 나만이 아닌 서로를 이끌려는 자세에서만 나올 수 있지요. 민주주의를 건설하면 하늘(마음)에서 크게 기뻐하겠지요. 우리에게 축복을 주겠지요. 우주를 창조하고 운영하는 하늘의 전지전능하신 능력으로 우리를 이렇게 힘들게 하는 것은 능력 부족이 아니라

절제라는 의지를 갖고 나를 나타내려는 자세를 보여 주는 기운을 쓰고 싶은 것 때문이지요. 우리는 한 달 정도만 절제를 하면 힘든 물질세계에서 탈출할 수 있지요.

부록(시)

밝음(달)

편안함을 주려는 것인가, 밝은 모습으로 떠 있네. 나를 위해 살려는 곳에서, 모두를 환하게 비추고 있네. 나 외의 다름을 아끼고, 함께하려 하네, 힘들겠네. 힘듦을 이겨낸 달님의 밝은 모습, 함께하려는 모습이네.

별

흐릿하지만 왕성한 기운을 갖고 있네. 태양의 눈 부심을 견뎌내고, 전기 빛이 방해하지만. 지구라는 나만을 아는 생명체에게, 무슨 뜻을 전하려는지, 희미한 별빛이 애씀을 하고 있네. 다 함께하려는 의지, 충만한 기운을 주려는가. 지구만이 그것을 모르고, 강렬하게 자신만을 뽐내네.

의무

밤인데도 친절하네, 본연의 임무를 다하는 것이지. 당황한 아주머니를 정성껏 지도하네. 경찰 경보등에 당황하기 일쑤이나, 서민을 위하는 등이네. 친절하고 믿음직한 사람으로 살아야겠네. 주변을 훈훈하게 하는 것, 미소 짓게 하는 것, 사람의 기본 의무이네.

유리

잘 보이네, 상가건물 하며, 나무하며. 거친 세상하고 단절되었으나, 모든 것이 보이네. 실내의 안식처를 투명유리가 품고 있네. 떨어지는 낙엽을 보면서, 한가함을 즐길 수 있네. 마법(기술)의 문을 연 사람, 무엇이든 다할 것 같네. 미소 띤 얼굴은 언제 볼 수 있으려나.

낭만

열심히 뛰었네 정차 중인 버스를 향해서 주머니에 이력서를 집어넣고, 태우고 갈 버스를 놓칠세라. 삶의 고단함이 묻어나는 하루였네. 교통비 아끼고, 호구지책 해결하려고, 최대한 쥐어짠 하루였네. 낭만적인 삶, 여유와 멋짐이 있어야 할 나에게. 힘듦에 삶이 여유와 멋짐이 없으면, 희망이 없네. 낭만을 꼭 찾을 것이네.

여인

예쁜 미소를 머금은 어여뿐 여자. 멋진 남자의 품에 있으면서, 밝음을 줄 수 있는 여자. 남자인 나는 보고만 있었네, 멀어져 가는걸. 세상을 품고, 사내의 기개를 폈으면. 이룬 것 하나 없어, 바라만 보았네. 세상을 감싸안으면서, 순박하고, 어여쁨을 지켜줄 나. 미인이 옆에서 치장을 해주어야만 할 나. 그만한 노력을 해야겠지.

달력

달력의 사진을 보니 미인을 담았네 미인의 사진, 수려한 자연경관. 아름다움을 보여주려고 만들은 것 같네 신의 작품인 남자, 여자를 예쁘게 보게 만들었나 보다.

눈

하얀 눈이 거침없이 쏟아지네 예쁜 여자 손잡고 거닐고 싶어라 예쁘고 고운님이 내리는 눈과 함께 오네 평안하고 따뜻한 의지의 남자 나에게로 내리는 눈에는 분위기를 돋구는 힘이 있나 보다 눈밭에 다정한 발자국을 남기고 싶어라.

가장

쌓인 눈 위로 눈발이 또 날리네 잠시 휴식을 취하면서, 나른함을 푸는데 문 두드리는 소리에 정신을 가다듬었네 택배 아저씨가 우편물을 가지고 왔네 미끄러운 길을 오토바이로 달리는 아저씨 한 가정의 가장으로, 무엇이든지 해낼 것 같네.

걸그룹

예쁘고 발랄하여 보기 좋네 즐거움을 줄 수 있다는 거 바람직하네 높은 굽의 구두를 신고 잘도 뛰네 걸그룹 그런 모습 갖추느라 많은 땀을 쏟았겠지 선정성이라는 자극적인 말도 달고 다니지 사회의 한 부분을 차지하고 있으니, 공인의식을 갖겠지요.

고향

나의 고향은 어디일까 지구의 어느 나라 어느 곳이에요 말하겠지 몸을 갖고 태어난 곳이라면 맞겠지 수없이 많은 별들이 반짝이며 말하네 우리별의 뜻을 전파하러 간 거야, 정신이라는 왕성한 기운을 얻기 위해 왕성한 기운, 많은 별의 협력이 있어야 하나보다.

원색

짙푸른 초록색이 눈길을 끄네 다듬어지지 않은 원색의 느낌 아름다움을 추구하기에 가꾸네 화장을 하는 여인, 부를 과시하는 남자

영웅과 미인

자연이라는 힘듦을 요구하는 곳에서 삶을 잘 다듬어서 편안함을 향해 가려하네 다듬어지지 않은 것을 다듬어야 하기에 참아야 하는 것과 표현을 해야 하는 것이 있네 영웅 삶을 살찌우고 풍요롭게 해야 하기에 지혜와 강함을 바탕으로 자신을 다스리면서 이해관계에 매여있는 무리가 따라오려고 해야 되네 밝음 편안함을 주는 것으로 의지를 갖고 억제를 할 때 나오는 기운으로 자신만이 있는 휘황찬란함을 가지려고 몰두하는 것을 억제하는 강함을 갖추고, 강함이 있어야 다가갈 수 있는 편안함에 지혜라는 편안함을 주는 것이 다가오기에 자신을 다스려서 강함을 갖추어야 되는 영웅 휘황찬란함을 억제했기에 다름이 보이는 밝

음이라 모든 것을 편안하게 하는 빛을 갖고 있기에 모든 것이 따라오네 밝음을 만들은 영웅 모든 것을 환하게 비추어서 서로가 열심히 살려는 존재라는 것을 알게 해주어서 서로를 아끼고 이끌어 궁극적으로 경계심이 사라져 나를 편하게 하네 나의 이해관계 때문에 모인 곳에서 제재가 필요하지만 서로를 아끼고 이끌어야만 나의 삶이 편해진다네 휘황찬란한 기운 속에서 억제라는 힘듦을 해가면서 밝음이라는 편안함을 이끌어낸 영웅 지치고 찢겨진 모습을 가다듬고 살아야 하는 슬픈 운명의 남자 영웅이 만들은 환경 살맛 나는 곳이기에 사람들이 모여드네 만들어진 환경을 잘 다듬어서 즐겁고 재미있는 곳으로 만들려는 이 미인이라 부르지 거칠은 환경이 순화되고 살 수 있게끔 되었지만 즐겁고 재미있는 편안함이 있어야 되기에 미인이 있어야 하네 미인 잘못됨은 밀어내고 뿜어지는 기운을 받아주는 기운 고운 모습이라 영웅이 만들은 순화된 환경을 즐겁게 할 수 있네. 영웅 서로를 이끄는 순화된 환경을 만들어서 축복받는 곳을 만들고 미인 풍요로운 곳에서 삶을 즐겁게 하네 영웅과 미인 아름다운 이야기가 나왔으면 하네.

여정

참 편하네 문명의 이기들 문명의 이기가 빨래를 할 수 있기에 시간을 내었네 해질녘에 대형마트에 모처럼만에 가보았네 세련되고 깨끗한 상품들이 볼만하네 집에 있는 중고 세탁기 잘 돌아 가지만 반짝반짝 빛이 나는 상품들이 탐이 나네 황혼 여정을 정리하는 시간 그동안의 여정이 노출되는 때 얼룩지면 얼룩진 대로 꾸밈없이 모습을 나타내는 시간 반짝이는 상품 힘든 여정의 결실이듯이 힘든 여정이 편안함을 얻을 수 있기를

행복

지구 자연의 규칙에 이끌려 살면서 행복이라는 것을 찾지 지구의 자연 해와 달의 영향을 받지 해 물질적인 것을 주고 달 휴식이라는 편안함을 주네 별 자신의 뜻을 펴기 위해 뜻을 펼칠 수 있는 지구에 왔지 가지각색의 가치관이 자신이 최고라고 말하며 자연 속에서 행복을 추구하네 각박한 물질세계에서 자신을 낮추면서 화합을 해야 하는 운명이지 자신의 뜻을 전파하러 와서 낮춤이라는 자신을 억제해야 하는 역설적인 일을 해야 하네 모여살기에 자신의

강점으로 기여를 하고 서로를 이끌어야 자신만이 있는 아비규환에서 벗어날 수 있지 이끎이 있는 곳 충만한 기운을 갖추었기에 힘듦에서 벗어나 편안함을 가질 수 있네 꿈꾸는 행복을 가질 수 있게 되지

아름다운 세상

화려하게 가꾸어지고 즐길 수 있어야 되는곳 거칠은 자연을 다듬어야만 하는 사람 아름답게 가꾸어서 삶이 이루어지게 하여야 하네 태양의 정열에 이끌려서 눈부시게 빛나고 태양의 정열에 도취되어 나를 화려하게 나타내지 정열로 채색되어야만 되는 태양의 화려함만이 있네 화려함 많은 애씀의 결과이나 함께함이라는 다양성이 없네 모여사는 뜻 서로를 이끌어야만 하지 시간이 흐르면 초췌해지는 채색된 아름다움이 아닌 밝게 빛나는 영원한 아름다움을 만들어 즐길 수 있네

나의 별

하늘을 보니 별이 반짝이네 달이 없는 어두운 밤하늘을 장식하네 나의 별 망망대해 같은 하늘의 항로를 비추겠지

나의 뜻 별님의 뜻을 대변하지 모여 사는 곳 의지 용기가
있어야 화합할 수 있는 곳 의지 용기라는 추진력을 쌓아야
만 풍성한 나의 별로 갈 수 있네

달

밝음을 주지요 초생달 반달 둥근달이 있지요 초생달 부
족함 속에서 환함을 주기에 격정적인 밝음을 주지요 반달
완성시킬려는 애씀이 부족하나마 차분한 밝음을 주지요
둥근달 애씀의 결과로 충만한 밝음을 주지요 물질이 충만
함을 나타낼 때 밝은 달이 우리에게 격정적이며서 차분하
게 충만함을 주지요

희망

푸르른 잎사귀들이 왕성함을 주네 외롭고 힘든 일상을
보듬어 주네 알수없는 삶 희망을 갖고 나아가지 나의 가치
타인과의 관계에서 다툼이라는 거칠음을 이겨낸다면 열
심히 사는 사회의 훌륭한 성원인 것 같네 평화로움 행복의
기본이지 노력해야 되네

문명의 이기

깨끗하고 예쁜 문명의 이기 오래 걸리고 직접용무처로 가야만 하는 답답함을 해결해 주네 비용의 상승과 이를 유지하기 위한 애씀이 점점 더 비례해서 커져가네 일을 열심히 하는 목적 안락함을 누리려는 것이지 물질의 풍요로 안락함을 누리려 한다면 점점 더 바빠지는 일상을 개선해야 되겠지

멋있는 삶

남자 화려하게 뽐어낼 수 있어야지 모든 것의 추앙을 받고 거침없이 나갈 수 있어야지 여자 화려함을 갖추고 모든 이의 주목을 받으면서 멋들어진 것이 자신을 주목해야지 멋있는 삶 결국에는 초췌해지는 물질적인 것을 벗어나야 하지 않을까

여인

윤기 있는 긴 머리를 찰랑이며 걸어가는 여자 파마를 한 모습 아름다움을 위한 정성이 엿보이네 아름다웠네 휘황찬란한 치장 없이 자신을 나타내었네 균형 잡힌 몸매에 절

제된 모습을 보여주는 여자 아침 일찍 일어나 출근하는 길
에 새벽의 신선함을 나타낸 여자 남자인 나는 세파의 험난
함에 무엇을 보여주었는지 여자의 아름다움 생각이 나네

의무

태양이 하늘에다 말을 하네 언제까지 강렬함만을 나타
내야 하나요 움직임을 이끌기 위해 모든 노력을 다했습니
다 정열을 활화산 같이 분출시켰습니다 너무 열정적이었
기에 제스스로 뜨거워지는 저를 억제할 수 없게 되었습니
다 오직 당신만이 저를 다스려서 이끌 수 있습니다 모든
것을 포용하는 하늘 태양에게 말하네 모든 것이 편안함을
얻으려고 노력하고 있네 서로를 아끼려는 충만한 기운이
전달되면 되네 충만한 기운이 자네에게도 가기에 강렬함
을 억제시켜 밝게 빛을 비추며는 되지 충만한 기운 편안함
이 있는 곳이 되기에 우리도 편안히 쉴 수 있네 뜨거워지
는 자네 좀 더 용기를 내서 노력해 보세 함께할 수 있는 충
만함을 만들어 보세

남자

시원한 산들바람이 불며는 걷고싶네 의욕적이고 희망
찬 삶을 그리면서 머리카락 휘날리며 다가오는 연인을 보
면서 말할 수 있어야지 사랑한다고 태양의 정열을 가슴에
품고 거친 자연을 다듬어 편안함이 있는 곳을 만들려고 애
썼지 뿜어지는 기운 태양의 뜻 거침을 뚫고 어려움을 이겨
내어 풍요를 건설하려고 하지 폭주하는 기관차같이 앞만
보고 달려 목표점에 가야 하는 물질의 기운 태양이기에 휘
황찬란하게 몸이라는 나만을 나타내면 되기에 단 한 가지
만 있는 곳 물질의 세계만을 건설하였네 다양성 몸이라는
나만에만 안주하지 않고 함께함이라는 정신을 잊었네 물
리력의 한계에 힘들어하는 몸 힘듦에 치열함으로 나타나
지 함께함이라는 풍요를 완성하지 못했네 다양성 개성이
있는 곳에서 나를 낮추고 힘을 합쳐야 얻을 수 있는 것 정
신이라는 함께함의 뜻을 펼쳐야 편안함이 완성되지 시원
한 산들바람 거침과 치열함을 이겨내어 다듬은 기운에서
나오는 기운이지 남자 편안한 환경을 건설하여 뜻을 이루
었기에 나의 연인에게 말할 수 있네 사랑한다고

행동

덥다 참으로 덥다 오곡백과가 영글어 가겠지 사람은 결실을 꿈꾸지 거친 자연을 다듬어서 삶이 이루어지게 하는 사람 열심히 사는 삶 신이 보고 계시겠지 악하지 않고 선하게 사는 모습만 보여주면 되겠네

멋있는 아가씨

남자의 마음을 활발하게 하지 그녀의 뜻이 있는 곳에 남자의 할 일이 있지 남자의 마음에 여자의 삶이 있네 그래서 부부는 일심동체라고 하나보다

시간

어려움을 이겨내고 자신의 가치를 펼칠 수 있는 것 모든 이의 꿈이지 가치 의지를 세우고 용기를 낼 때 빛이 나지 고단한 삶을 살아야 하는 곳 빛 희망을 주지 햇빛 왕성한 기운을 주고 달빛 차분함을 주어 편안함을 가꾸게 하지 빛 시간이 되지요 시간 편안함을 갖추라고 주어진 것 용기를 내어 서로를 이끌며는 물질이 있기에 편안해지겠지요 시간 편안함에 다가서려는 사람의 도리를 다했기에 같은

기운인 풍성한 기운이 있는 때로 갈 것이네

사람

일을 해야 되는 곳 그래야 사람다워 보이지 애쓰는 모습 충만한 아름다움이 뿜어져 나오지 멋짐을 갖기에 자신을 가져도 되지

시작

힘든 일을 해야 하는 이유 먹고살기 위해서지 사람 먹고 자고 일하고 외에 여가 생활을 추구하지 힘듦 속에서 즐거움을 추구하고 있지 고행인 삶 즐거움을 가질 수 있을까 몸이 있고 지혜가 있고 이를 통제하는 마음이 있지 지혜 편안함을 위해 지식으로 삶을 이끌지 지혜로 삶을 이끌어 편안함에 다가서려는 마음 활기 있어야 지혜가 따라오지 활기찬 마음 용기 있는 마음 삶이 바라는 모든 것의 시작이지

4차원

불가사의 4차원의 세계를 경험한 사람들을 컴퓨터로

보았네 추진력으로 편안함을 향해 나아가는 모든 것의 시작과 끝 마음 맑고 밝음으로 차 있는 마음 사회를 건설하고 활기 있게 하지 삶의 터전 이곳에서 몸을 갖고 편안함을 만들어야 하지 의지를 세우고 용기를 내야만 하지 불가사의 내 마음의 상태에 맞는 기운이 들어와서 놀라운 일이 벌어진 것이지요 초능력의 세계 4차원의 세계 마음으로 연결이 되지 의지와 용기로 마음을 채우면 초능력 세계를 불러와서 3차원 물질세계를 탈출할 수 있지

하얀 구름

푸르른 하늘에 하얀 구름이 떠 있네. 땅에는 생명력의 상징 푸르름이 왕성하지 강렬한 햇살 거칠게 나를 나타내게 하지 순수한 하얀 구름 나만의 나타냄을 억제하는 순수함을 주지 삶 각박함 속에서 푸근함도 있지

젊음

푸른 하늘의 정오의 햇살 같은 젊은 힘 거침없지 젊음의 가치 어려움에 굴하지 않고 나아가는 모습이지

최신버전

최신버전으로 업데이트하세요 새로움보다 나음을 위한 노력의 산물이지 좋은 삶 사람 간의 돈독한 정도 있지 기존버전에도 보다 나음이 있네

문명의 이기

편리한 문명의 이기 행복의 시작 유지력이 관건이지 끊임없이 애씀만 하는 건 아닌지

물질문명

아픈 몸 치료해야 하지 고통에 시달리지 몸을 다스리는 마음 건강한 기운을 몸에 불어넣어야 하지 몸의 만족에 초점을 맞추다 보니 마음이 몸을 따라가는 경우가 있네 몸을 만족시키려는 물질문명 바쁨 치열함 등 나쁨을 갖고 있지 바쁨 치열함에 쫓기는 마음 불안정한 기운으로 몸을 다스리기에 몸의 균형이 깨져 몸이 아프지 역설적으로 마음을 다스려서 물질문명에서 벗어나야 몸으로부터 오는 고통에서 벗어날 수 있네

효율성

나를 가꿀 수 있는 곳 애씀의 결과이지 효율성을 중시하는 물질 사회를 건설했지 이익이 우선시되고 잘하는 이가 우대받지 효율성 인간성은 없는 것이지 이것에서 사회정의를 찾을 수는 없지 효율성의 물질 경제 강자의 도덕성 함께함이 가미되어야 하네

나의 별

많은 별이 있지 나의 고향별은 어디 있나 찾기도 하지 편안한 기운을 퍼트리려는 기운의 뜻에 따라 몸을 갖고 태어났지 나의 별은 풍성할까 기운의 뜻에 따라 풍성한 기운을 만들어야 하지 나의 별의 재능을 갖고 몸이라는 힘듦을 잉태한 것으로 나타냄을 하지 나만 나타내는 물질의 기운 속에서 내가 최고이고 자랑이지만 재능에 의지를 세우고 용기를 내야만 하지 이것이 없는 사람 재능으로 나만 나타내면 되기에 다툼이라는 거침이 있고 힘든 곳을 개선하기보다 기득권에 안주하려 하지 나만의 재능에 의지를 추가해야 하지 그래야 이곳에 온 목적 풍성함을 향해 갈 수 있지

보름달(충만한 기운)

1판 1쇄 발행 2024년 07월 09일
지은이 이상용

편집 김해진 **마케팅·지원** 김혜지
펴낸곳 (주)하움출판사 **펴낸이** 문현광

이메일 haum1000@naver.com **홈페이지** haum.kr
블로그 blog.naver.com/haum1000 **인스타** @haum1007

ISBN 979-11-6440-626-5 (03100)

좋은 책을 만들겠습니다.
하움출판사는 독자 여러분의 의견에 항상 귀 기울이고 있습니다.
파본은 구입처에서 교환해 드립니다.